大久保功・石田　坦・西田治子　著

18歳からの
キャリアプランニング

これからの人生をどう企画するのか

北大路書房

まえがき

　私たちは，就職をひかえた学生とそのご両親を対象にこの本を書きはじめました。書名に「18歳」とつけたのも，そういう意図からです。したがって，ここでの学生には高校生，専門学校生，大学生を含みます。書いていくなかで，高校生は原則学校主導で就職が決まっていくことが多く，専門学校へ進学した学生は目標とした組織へ合格するための受験テクニックや，その組織が必要とする資格の取得を目標にしていることが多いように感じました。ただしそういう学生も，必ずしも既定の方向に進むとは限りません。ですから，一般大学生を含めてだれでもが，自分が目標を決めて行動をしなければ希望する進路を進んで行くことができないのです。このようにいろいろな学生の状況を念頭に置いてこの本を書きましたので，どのページを開いても，学生が転機をどのように過ごしたらよいかヒントがたくさん詰まっています。

　ご両親に読んでいただきたいのは，ご自分のお子さんが置かれている状態を十分認識され，自分たちが，子どもにどのようなサポートができるのかを考えて，お子さんが，立派な社会人として成長されるよう，精神的な助言をしてほしいからです。

　この本を読み通すことによって，学生の皆さんは，長期的な展望のもとに自身のキャリアをとらえ，その出発点である学生時代をどう過ごしたらよいか考えるチャンスが得られます。

　長期的な展望というのは，単に就職・進学だけでなく皆さんの今後の人生全体を考慮したうえで，ということです。たまたま出合った会社に就職するというのでは，転職がままならなかった昔なら辛抱するほかありませんでしたが，いまは遥かに自由な時代なので長続きしないことが多いのです。そこである程度自分自身を知り，方向を見定め

て就職することが望まれます。

　方向を定めるということはすなわち，今後の人生を企画すること（キャリアプランニング）です。そのベースは，学生の皆さん自身の自己理解（自分がどういう人間かを知ること）です。どのように学生時代を送れば，自己理解が深まり方向が定まるか，これがこの本の主題であり，学生の皆さんに私たちが伝えたいことです。

　この本に記されている内容は，これまで現場で私たちが実践し，研究してきたことの集大成ですが，それ以外の考え方ももちろんあると考えています。が，ここで述べられていることは，他のどんな考え方に出合ったときも，それを取り込んでさらに自分の考えを確立させていくために有用な，「ベースとなる知識」です。ここに書かれていることを単に鵜呑みにするのではなく，自分の考えを確かなものにしていくたたき台として使ってもらうのが，私たちの意図です。

　その意図は，この本を手に取ってくださった読者の方々自身が，ここに書かれていることと自らをコラボレーション（調和）させていってくださるなかで達成されるものだと思います。

　一度読んで「だいたいわかった」と終わりにするのではなく，折にふれこの本を取り出し，読み返して，またそこで考えてみる，ということをくり返してほしいのです。その結果として，この本があなたの人生の企画（キャリアプランニング）に役立つならば，私たちの望みは叶えられたことになります。

2007年8月

大久保　功
石田　坦
西田　治子

目次

まえがき

序章 なぜこの本を書くのか —————————————————1

- ◆私たちの意図　1
- ◆この本の特徴　3
- ◆この本の構成　4
- ◆キャリア意識を持って学生生活を楽しんでください　4

第1章 思春期の心のあり方 —————————————————7

- ◆心の健康　7
- ◆心とストレスの関係　8
- ◆ストレスへの対処法　12
- ◆ストレスは成長の糧　16
- ◆あなたは一人ではない　16
- ◆生きることは「感じる」こと　18

第2章 学生生活を通して自分を知り鍛えよう —————————23

- ◆なぜ自分を知る必要があるのか　23
- ◆自分の特徴を知る方法　25
- ◆自分の特徴を鍛えよう　26
- ◆高校生と大学生の違い　27
- ◆自己管理　29
- ◆部活，アルバイト，インターンシップのおすすめ　33
- ◆インターンシップ　42

第3章　就　職 — 45

- ◆企業が皆さんに何を求めているか　45
- ◆人間力　47
- ◆就職で悩ましいもの　52
- ◆就職に役に立つ学生生活　61
- ◆就職活動の流れ　62
- ◆自己理解　64
- ◆職業理解　73
- ◆キャリアプランの立て方　80
- ◆履歴書・エントリーシートの書き方　85
- ◆面接の受け方　93
- ◆面接の種類　96
- ◆面接する企業（または団体）側からのアドバイス　99
- ◆社会人としてのマナー　100

第4章　ご両親・保護者の皆さんへ — 109

- ◆はじめに　109
- ◆子育てが難しい時代　109
- ◆親子関係は弓と矢です　110
- ◆親は子どもに価値観を押しつけてはいけない　111
- ◆親は子どもに迎合してはならない　112
- ◆親は子どものために子離れする必要がある　113
- ◆優しさはもちろん必要です　114

参考資料　116

序章 なぜこの本を書くのか

◆ 私たちの意図

　私たち3人はキャリアカウンセラーです。石田垣は拓殖大学で、キャリアに関するガイダンス授業や学生相手の1対1のキャリアカウンセリングをやっており、この本は彼の呼びかけでできました。大久保功は、日本DBM（株）でキャリアカウンセラー養成講座を運営し、この秋からはLEC大学で特認教授としてコミュニケーションに関して教えることになっています。西田治子は、KDDI（株）の社員相談センターを11年担当し、現在は日本産業カウンセラー協会の仕事をしながら、研修や学生、一般社員に心理カウンセリングやキャリアカウンセリングを行なっています。

　キャリアカウンセラーは、人々が人生の転機に遭遇した場合に、それを乗り越える援助をします。高校生や大学生が就職する場合、それまでの先生の指示に従っていればよかった学生から、お金をもらって自分で仕事をしなければならない社会人になるのですから、多くの学生にとっては、初めての大きな人生の転機です。ところが最近、この転機をうまく乗り越えられない若者がふえてきたと、私たちは感じています。たとえば、若者の離職者がふえてきました。七五三（これは、中卒、高卒、大卒の学生が、就職後3年以内に退職する割合です）といわれるように、高校生の5割、大学生の3割は就職後3年以内に辞めてしまいます。これに呼応して、ニート、フリーターがふえ

てきました。それ自体は，意識的に選択しているのであれば個人の自由ですから，国の労働力という観点からは問題かもしれませんが，キャリアに関する限りあまり問題ではありません。しかし，子どもから大人への転機をうまく乗り越えられなかったためにそうなったとすると，私たちキャリアカウンセラーとしては悲しいのです。この状況を改善するために，何かできないかと思いました。

そこで私たちは，この本を書こうと思いました。学生が高校・大学時代を，ライフキャリアを意識して過ごし，卒業時に自分の選択した進路へ向けて一歩を踏み出すためのガイドブックです。ライフキャリアというのは，単なるキャリア，つまり仕事の経歴とは違って，仕事・学び・結婚・趣味・家族など人生全体の経歴という意味です。この本でも学生生活のほとんどの活動を取り上げています。ライフキャリアを意識するというのは，それらの活動をやりながら，自分の特徴は何か，自分が躍り出していく社会はどんなところか，自分はどこまでやっていけるのか，足りないところをどう補っていくのか，などを考えることです。それによって自分を知り，社会を知り，自分がどのくらいものごとをやり通せるのか，その場合に社会，つまり周りの人々はどんな反応をするのかがわかります。「皆さんが自分と社会の理解を深めて，卒業時に社会へ向かって自分らしい一歩を踏み出すのを援助すること」，これがこの本のねらいです。

私たちは，学生の皆さんが，高校・大学時代の経験に基づいて，自分らしさを発揮できるという自信を持って，学校を卒業し大人社会へ参加することを，心から願っています。

■ 序章　なぜこの本を書くのか

◆ この本の特徴

　特徴の第一は，高校生あるいは大学生といった，これから社会に出て行く人（以下，学生とよびます）向け，ということです。世の中に，キャリアに関する本はたくさん出ていますが，学生を主な読者と想定して書かれた本は少ないのではないでしょうか。

　第二に，ハウツーも扱いますが，主な焦点はやや迷いのある学生の心に当てています。私たちはキャリアカウンセラーですから，キャリア相談に来る人，相談に来てほしい人（実はそれは学生全員です）を，主な読者と考えました。キャリアカウンセラーに相談するのは抵抗があるという人でも，このような本からならば，学生生活のヒントを得やすいと思いました。学校の立場から「学生かくあるべし」というのではなく，企業や一般社会の立場から「社会人になるために必要な学業を身につけて卒業してほしい」というのでもなく，百パーセント学生の味方になって一緒にキャリアを検討するというスタンスが，この本の最大の特徴です。

　第三に，読者のご両親（または保護者）の皆さんのために，1セクションを準備しました。これは学生の皆さんがご両親に言いたいと思われるようなことをテーマとしており，親子がそれについて話し合うヒントにする，という意図があります。キャリアカウンセラーとともに百パーセントお子さんの味方であるはずのご両親・保護者の皆さんが，真に味方であるために注意したほうがよいことなどを書きました。親子の相互理解の促進もめざしています。

◆ この本の構成

　この本は4つの章で構成されています。第1章「思春期の心のあり方」では，心の健康を中心テーマに，ストレス，心の持ち方のヒント，お勧めしたい生きる基本姿勢，を述べています。第2章「学生生活を通して自分を知り鍛えよう」では，学生生活をどのような考え方で送ればよいかを述べています。第3章「就職」は，学生の就職に関する考え方とノウハウです。最後に，第4章「ご両親・保護者の皆さんへ」では，私たちと一緒に皆さんを応援するご両親・保護者の方々に，仲間としてエールを送っています。

　どのような仕事に就けば給料がいくらか，ということがキャリアカウンセリングだと考えている方もいるかもしれませんが，それはキャリアカウンセリングの一部で，しかもどちらかというと枝葉の部分です。キャリアカウンセリングの根幹は，個人個人が自分らしく生きることができるように援助することです。子どもから社会人への転機にある皆さんが，一人前になるために学生生活をどう送ればよいかのヒントを，この本では提供しています。

◆ キャリア意識を持って学生生活を楽しんでください

　以上いろいろと申し上げましたが，私たちの提案は次の3つに集約されます。
　　①チャンスに乗って，いろいろな活動を積極的にやり，楽しもうと試みる。
　　②その活動は，楽しかったか楽しくなかったか，結果が出せたか出せなかったか，をふり返ってみる。

③そのふり返りから,自分の特徴をつかんで,その後の生き方の
　　参考にする。
　これは,あとで出てくるPDCA(計画し,実施してみて,結果をチェックし,行動する)サイクル(19ページ参照)の考え方と同じです。

第1章 思春期の心のあり方

◆ 心の健康

「健康ですか？」と質問するとほとんどの人が「はい」と答えますが，健康とはどういうことでしょうか？ 皆さんはどういうことをイメージしますか？ ただ単に身体に異常がないか，病気になっていないかをいうのでしょうか？

WHO（World Health Organization：世界保健機関）憲章前文によると，健康とは，"Health is a state of complete physical, mental, and social well-being, and not merely the absence of disease or infirmity"（単に病気とか虚弱というだけでなく肉体的にも精神的にも社会的にもよい状態）といっています。

1つ目にいっている肉体の病気には，すぐに気がつきます。熱が出たり頭痛がしたり胃が痛んだり下痢をしたりと，自分でも判断できる症状が肉体に出ますので，自力で治す人もいますが，早期に病院に行って治す場合が多いでしょう。

ところが2つ目の精神の病気は，自分では気がつかない場合が多いです。遺伝などにより精神の病気になることもありますが，日常生活の出来事も原因になります。たとえば，自分は駄目な人間だとコンプレックスを強く感じたり，辛いことや悲しいこと，嫌なことなどに耐え我慢していると，元気がなくなったり，やる気がなくなったり，自分は孤独だと悩んだり，パニック状態になり，無茶食いをしたり，就

職や将来のことが不安になったりと，精神（心）に症状が出ます。

　3つ目は「社会的によい状態」ですが，今回私たちがこの本を書こうとした最も大切な部分はここなのです。皆さんはこれから学校を卒業し就職をして社会に出て行くわけですが，うまく社会に出て行って「社会的によい状態」になって生き生きと楽しい毎日を過ごしてほしいのです。肉体も精神も健康なのに社会に出ると「自分が発揮できない，仕事ができない」「家にいるといいけれども外に出ると皆とうまくいかない」などは社会的によい状態ではないのです。

　以上の肉体的・精神的・社会的という3つの健康状態は，それぞれが独自のものではなくお互いに影響しあっています。どれか1つがうまくいっている場合は，3つともうまくいっており，どれか1つが駄目になると，3つとも駄目になる場合が多いのです。

◆ 心とストレスの関係

☆ ストレスとは？

　私たちの健康に一番密接な関係があるものは心で，その心に一番大きな影響を与えるものは「ストレス」なのです。

　ストレスとは，身体にかかる刺激・負荷をいい，快適なストレスと不快なストレスがあります。皆さんが学校に入るために一生懸命勉強したのはたいへんなストレスだったかもしれませんが，皆さんが成長するのには必要なストレスでよいストレスといえます。でも，本当は高校や大学に行きたくないのに親や先生から言われて嫌々勉強した人には悪いストレスになったかもしれません。

　この嫌々とかやりたくないのにしなくてはいけないというのが，私たちの脳に影響を与えます。脳は何かあると，それが「好きか嫌い

か」「YesかNoか」を判断します。好きとYesの場合，身体は活性化します。企業が社員に対して一番求めている「やる気」もYesの場合ですね。

カナダの生理学者セリエ（Selye, H.）は「ストレスは人生のスパイス」と述べていますが，ストレスは私たちを機能させ，私たちが成長していくのになくてはならないものといえます。

適度なストレスによって，自律神経は正常にはたらき，ホルモンは正常に分泌され，免疫力も強くなっていき病気にもかからなくなります。

ところがNoの場合は不快なストレスになり，心と身体の負担になっていくのです。「病は気から」といいますが，不快なストレスが長引くと病気になるのです。

☆ 皆さんにとって一番のストレスは何ですか？
　◇自分自身への戸惑いですか？
　　・自分って何？
　　・自分って誰？
　　・自分って何をしたいの？
　　・自分はなぜ勉強するの？
　　・自分はなぜ就職しなくてはならないの？
　　・自分はなぜこのような親のもとに生まれてきたんだろう？
　　　など
　　このようなアイデンティティ※の問題がストレスになります。

　※アイデンティティ（自分探し）
　　アイデンティティの確立とは自分自身を確立していくことです。自分自身を確立していくということは，自分にはまだいろいろ問題や，わからな

いこともあるけれども，それでも自分は価値のある人間で，自分で考え，自分で行動し，その行動に対して責任をとることができるようになる，ということです。

◇人間関係ですか？

異性を含めて友人とうまくコミュニケーションがとれない，なかなか友人ができない。携帯やパソコンだと楽だけれども相手が人間だとうまく話せないなど，でしょうか？

私たちの心の成長に大きな影響を与えるものに人間関係があります。皆さんは，小学生のときに外で友だちと遊びましたか？　中学生のときに友だちとつき合ってけんかしたり，仲直りをしたり，そのような体験をしましたか？　高校生や大学生になって異性が気になったり好きになったりしていますか？　思春期，特に大学生時代は友人ができる大切な時期で，「心の発達」「大人になっていく」という点からも異性を含めた親しい友人との関係は非常に大切といえます。いろいろな人とつき合うことにより，社会生活で大切なコミュニケーション能力がついてきます。

◇自分の選んだ学校や専門科目と自分のミスマッチですか？

- 現在の授業に物足りなさを感じたり，授業内容が自分の期待と違う。
- 親や先生にいわれるままに受験したり学校名やトレンドで学校選びをして，自分の適性や性格，自分の勉強したいことなどがわかっていなかった。
- 勉強が難しくてついていけないので他のことや遊ぶことに興味がいくと，その結果成績が悪くなり，ますます勉強がストレスになっていった。など

◇先生の評価に問題や疑問を感じる，ですか？

■ 第1章　思春期の心のあり方

他人と比較して自分の評価が低い，評価の仕方に問題があるなど，公平性や客観性に疑問を感じると，先生との関係がうまくいかなくなりストレスになるかもしれません。

☆ストレスがたまるとどうなるのでしょうか？

新しい環境に上手に対応できず，強いストレスを受けたり，弱くてもストレスが長く続くと，頭ではストレスと思わなくても，身体が「助けてー！」と悲鳴をあげます。ストレスは私たちの心身の弱いところを直撃します。

身体に症状として出てくる場合（心身症）	心に出てくる場合	行動に出てくる場合（問題行動）
頭痛，肩こり，動悸，疲労感，胃痛，下痢，めまい，食欲不振，睡眠障害，アレルギーなど	不安，恐怖，あせり，うつ状態，勉強が手につかない，やる気がなくなる，元気がなくなる，イライラ，クヨクヨ，孤独，自殺したいと思うなど	キレる，攻撃的，暴力，じっとしていられない，我慢できない，アルコール，たばこ，ドラッグ，ギャンブル，盗み，やけ食い（反対に異常なダイエット），人間関係悪化，能率低下，ミス，遅刻，欠席，事故多発など

◇自分が何にストレスを感じやすいか，何に弱いかということがわかるとその対処法も考えられます。皆さんはストレスを受けると自分のどの部分にどのような症状が出てくるかわかっていますか？　「まずは自分を知る」「自分を客観的にみる」ことです。

◇ストレスが身体に症状としてあらわれるのを「心身症」といい，最近はほとんどの病気──ガンさえも心身症といわれています。

◇ストレスが「心」に出てくると精神疾患になります。

◇ストレスが「行動」に出てくる場合もあります。最近多発している列車事故や飲酒運転，青少年による犯罪などもストレスに関係

しているかもしれません。

毎日の生活の中で、いつもの自分と比べて、あるいは他人と比べて異常を感じたり、ストレス症状が自分に当てはまるときは、一人で悩まないで早めにだれかに相談したり、気楽に病院に行きましょう。

◆ ストレスへの対処法

現在はストレス時代といっても過言ではありません。生き生きと楽しく学生生活や社会生活を過ごすために、主なストレス対処法を紹介します。

ストレス対処法	
「少し疲れた」という早い段階で元の体調に戻しましょう。3Rをすすめます。	①Rest（休息、休養、睡眠など） ②Relaxation（リラックスは腹式呼吸によるストレッチなど呼吸法によるものが効果がある、他に音楽を聴く、アロマテラピィ、ゆったりとした半身浴など） ③Recreation（レクリエーション、スポーツ、旅行、趣味など）
自分にとって楽しいもの、気晴らしになるストレス解消法を持ちましょう。	美味しいものを食べる。カラオケで思い切り歌う。スポーツをする。ドライブをしてスカーッとするなど。思い切り泣いてすっきりするのも効果があります。
ストレスに耐えられるように心に抵抗力をつけましょう。腹式呼吸をすすめます。	ストレッチ、ヨガ、太極拳などで日頃からストレス耐性をつくってください。 呼吸法は複式呼吸。「鼻からゆっくり息を7,8秒吸い」、「吐くときは10秒くらいかけてゆっくり口から吐く」を1日数回行なう。「精神を安定させる」セロトニンがふえます。毎日継続しましょう。
「課題発見力」や「問題解決能力」をつけましょう。PDCAサイクル（19ページ参照）	勉強のやり方がわからない、試験にミスしたなど、学生時代にもいろいろな問題・危機があります。「どのように対応していくか？」これが企業が皆さんに求めている「課題発見力」「問題解決能力」です。親や教師の言う通りの「指示待ち人間」ではこの能力はつきません。学生時代から「こういう問題が起きたら自分だったらどう

■ 第1章 思春期の心のあり方

をできるようにしましょう。	するか」と具体的に考える癖をつけてください。失敗は成功のもとです。課題を見つけ失敗を恐れず積極的に行動してください。
自分自身を確立しましょう。	自分についておおいに悩み，おおいに考えて，おおいに行動しましょう。友人や親や教師と話し合うことも役に立ちます。いろいろな本を読むのもおすすめします。
認知（もののとらえ方）を柔軟で合理的なものに変えましょう。	ストレスに強い人とは柔軟な考え方ができる人で，弱い人はそれができない人といえます。認知を変えていく方法として，「何か」が起きたときに自分と違う考え方をする人を見て，「そのような考えもあるのか」と自分との違いを感じてください。その人をモデルと思って真似をするのもいいでしょう。最初は「そのような考え」に対し違和感があるかもしれませんが，まずは行動，実行してください。 実行して，自分が心配していることや不安に思っていることが何も起こらなければ「これが柔軟な考えなんだ」と自信を持ってください。この経験があなたの思考の型を柔軟に変え，問題が起きても対応できるようになっていきます。気楽にやってください。 認知例については＜注1＞を参照。
社会的支援を求めましょう。	対処できない問題や障害に遭ったときなどは，自分では何が問題なのかわからなかったり，精神的な不調に気づかなかったりするときがあります。心に何かもやもやがたまったときは，一人で抱え込まないで相談機関や家族，先生，スクールカウンセラー，キャリアコンサルタント，友だちなどに援助を求めてください。話をするだけで心がすっきりし，言葉にすることで問題が整理されたり見えてきたりします。日本人は相談するということにまだ抵抗がありますが，気軽に相談しましょう。
人間関係構築能力をつけましょう。	社会生活で人間関係は不可欠です。授業，サークル活動，クラブ活動，ボランティア活動など，いろいろ体験することによって人との接し方，意見の言い方，耐える力などをつけてください。アサーション（主張）訓練などを受けるのもよいと思います。ただ，人間関係の根底は「相手の人権を傷つけないこと」であることを忘れないでください。人間関係構築方法については＜注2＞を参照。

＜注1＞ 認知例

「試験に失敗した」ときに皆さんの脳は以下のどのようなとらえ方をするでしょうか？

①試験の失敗を挽回するためには何をしなくてはいけないかを考える
②なぜ失敗をしたかを分析し，次回失敗しないように考える
③失敗は自分を成長させるのに必要だと考える
④失敗はだれでもするものだと考える
⑤失敗をしてはいけないと考える
⑥勉強ができないと思われたらいけないので内緒にする
⑦叱られたときの言い訳を考える
⑧失敗するなんて自分は勉強ができないと思う
⑨自分は能力がないので皆に迷惑をかけると思う
⑩自分はやっぱり駄目な人間だと思う

①から④は柔軟で合理的なとらえ方（考え方），⑤から⑩は身体に悪い影響を与えていく柔軟性のないとらえ方といえます。

参考に，柔軟性のあるとらえ方と柔軟性のないとらえ方の例を対比します。

柔軟性のあるとらえ方・考え方	柔軟性のないとらえ方・考え方
①遅刻や欠勤をすることもある	①遅刻や欠勤をしてはいけない
②自分と相性の悪い人もいる	②だれとでもよい人間関係でなくてはいけない
③勉強を一生懸命したからそれでよい	③勉強は完璧にしなくてはいけない
④失敗しながらいろいろなことを覚えていくのだから，失敗したら次回はどうすればいいのか考えればよい	④ミスや間違いをしてはいけない
⑤先生が叱ったのは私を成長させようとしてくれているのだ	⑤先生は私が嫌いで叱ったんだ
⑥失敗したけれども，世の中に失敗をしない人はいない。一生懸命やったのだからこれでいいとしよう。仕事を頼まれたのは自分に能力があるからなので，今後は期待に応えよう	⑥失敗してしまった。皆は自分のことを駄目な人間と思っているに違いない。もう将来はない

■第1章 思春期の心のあり方

⑦自分にも友だちの役に立つことがある	⑦自分が学校にいると皆に迷惑がかかってしまう。学校をやめたほうがいいのでは……
⑧助けを求めてもいいし，相談してもいい	⑧男は弱音を吐いてはいけない
⑨嬉しいときは笑い，悲しいときは泣いてもいい	⑨感情を出してはいけない
⑩弱点はあってもいいや	⑩数学ができないから自分は駄目だ
⑪Had Better（～したほうがよい）の考え方をする	⑪Should（～すべきだ，～のはずだ），Must（～しなければいけない，～に違いない）の考え方をしない

＜注2＞ 人間関係構築方法

　仕事をしていくうえで非常に大切なことは，職場で人間関係をつくることができるか，相互にコミュニケーションがとれるかということです。人間関係構築方法には以下のようなものがあります。

　①相手の話をきちんと聴く（人の話の聞き方）―よい聞き手とよい話し手―

よい聞き手	よい話し手
・相手をまるごと受け入れ，相手の立場で聴く	・自分の話したい内容を把握する
・共感し（相づち，うなずき，オーム返しを行なう），相手の話を否定しない	・相手が理解できるように話す
・真意を汲み取る（相手を理解しようとする）	・言葉を選ぶ（わかりやすい言葉，具体的な表現，正しい日本語）
・相手の感情を大切にする	・自分をよく見せようとしないでありのままを話す
・話を最後まで聞く。話をさえぎらない	・自分に非があるときは素直に謝る
・言葉だけでなく話の中心をとらえる	・相手のよいところをきちんと伝える，褒める

　②自分のコミュニケーションのくせに気づく：コミュニケーションのとり方には皆それぞれにくせがあります。いつも相手に合わせて自分の意見を言わないとか，自分の意見ばかり言って相

手の話を聞かないなど,自分のくせがわかったら(自分を客観的にみる),意識して変えていきましょう。
③自分を表現する:いつも我慢したり耐えているとストレスになっています。自分の主張は,けんかをするのではなく,適切な時に適切な場所で適切な言葉できちんと言いましょう。
④相手を大切にする:コミュニケーションの根底は,相手の人権を傷つけない,相手の人権を大切にするということです。

◆ ストレスは成長の糧

　私たちは生きていくうえでいろいろなストレスにあい,悩み・考え・解決していくというプロセスを経て成長していきます。このように考えると適度のストレスは必要なもので,私たちはそれを一つずつ乗り越えながら成長していくのです。

◆ あなたは一人ではない

　思春期にストレスを感じる一つの原因は,周りが見えなくなって孤立することです。たとえば,自分自身への戸惑い(9ページ参照)や心身のアンバランスから,こんなはずではなかったのに,どうすればいいのか,だれに相談すればいいのかわからない,などです。しかし,あなたは,一人ではありません。「両親がいて,あなたがいる」。当然ですが,しかしなかには,「自分は望んでこの世に生まれてきたのではない」「私をこの世に産んだ責任とってよ」と両親を困らせた人もいるかもしれません。しかしこんなことを考えるのは,とんでもないです。人間だから「そんなことも考えるのです」。そうです,あ

■第1章　思春期の心のあり方

なたは，選ばれて人間に生まれてきたのです。

　それでは，人間に生まれてきた「私」がいる場所はどこでしょうか。図1のように，「私」を真ん中にして，「私」は「両親」「自我」「学校（仕事）」「社会」に取り巻かれています。「私」はそれぞれとバネで結ばれていて，バネは，影響が強いほうへ太く縮み（近づく），弱いほうへは細く伸び（遠のく）ます。そんな中で，「私」はブランブランとバランスをとりながら生きているのではないかと思います。

　小学校の間は，「両親」との間のバネが太く縮んでいると思います（何でもかんでもお母さんの世界でしょうか）。

　中・高校生になると，自分一人で生きているように思って「私」と

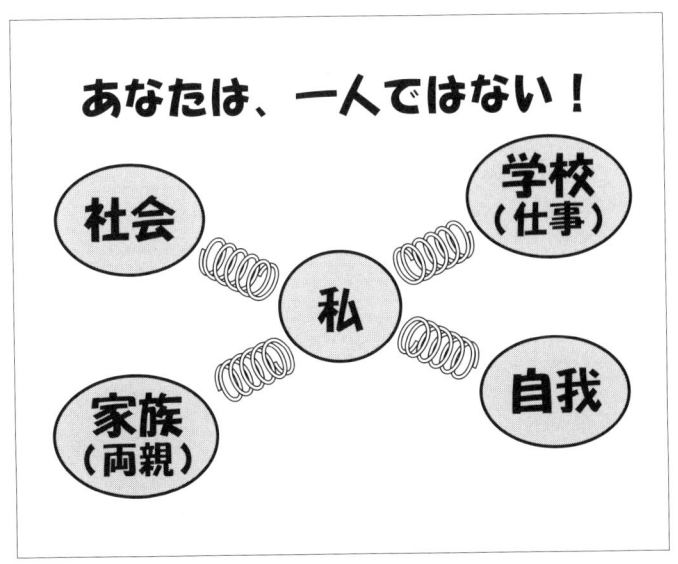

図1　「私」がいる場所

「自我」のバネが太く縮んできます。「私」と「学校」＝「友人」の間のバネも同じように太く縮んでいるかもしれません。逆に、「家族・両親」との間のバネは細くなり伸びていることでしょう。

　大学生になると、「私」と「自我」「学校」＝「友人」との間のバネが太くなってきて縮んできます。まだ社会とのバネは細く伸びているかもしれません。本当は、中学生、高校生のときから「社会＝社会人」としてのルールを守らなくてはならないのですが、結構社会は甘いですからたいていのことは大目に見てもらっています。

　大学生となると、社会の一員（大人）として、世間は皆さんを見ていることを忘れてはいけないと思います。

　社会人になると、「私」と「仕事」「社会」の間のバネが太く縮んできます。「自我」との間のバネは細く伸びてきます。「私」を中心に地球が回っていないことに気づき戸惑いながら、一人前の社会人に育っていくのではないでしょうか。

　結婚すると、「私」と「家族」の間のバネが太く縮んできます。このように自分の置かれた状況により、「私」とつながっているバネは太くなったり細くなったり伸びたり縮んだりします。しかしどんな時でも「私」は一人でありません。

◆ 生きることは「感じる」こと

　もう一つ大切なことは、「生きること」は「感じる」ことではないかということです。積極的にそう考えると、ストレスは減ります。

　まず自分の思考回路を考えてみましょう。「きれいだなー、気持ちがいい」。これは考えているのではなく、感じているのです。この「感じる」ことに注目して自分の一日の生活をふり返ってみましょう。

■第1章　思春期の心のあり方

　「いいな，幸せだ，楽しい」，それ以外にも「おかしい，肌に合わない，面白くない，退屈だ」など一日に何度となく「感じている」ことに気づかれたことと思います。続いて，「何とかしたい，どうしよう，他に何かないか，しょうがないか」など瞬時に「考え」ます。ほとんどは，「まあーいいか」と，ここでストップしてしまいますが，自分に関わることであれば時間をかけて考え続け，「何とかしよう」と「行動」につなげていくのではないでしょうか。また，自分に直接関わりがなくても，友だち，家族，仕事，社会のために役立つと思ったときにも「行動」に移っていくように思います。ここまでの思考回路を問題発見能力とか，問題解決能力といいます。

　「行動」とは，「工夫，相談，勉強，情報収集」などをすることで，特に相談の際は，自分なりの意見（このようにしたいと思うのですが／こうしようと思うのですが）を持っておくことが必要です。工夫して行動し考え，相談し工夫して行動し考え，勉強して行動しまた考え，情報を集めて相談し行動し考える。このように「考え」と「行動」は，「結果＝成果」が出るまでくり返されます。これはPDCAサイクルです。これは，経済産業省が2006（平成18）年に発表した「社会人基礎力」と同じと考えてよいと思います。この「結果」が満足できないときは，「他に何かやり方はないか」と「満足いく結果」が出るまでくり返し考え行動することもあると思います。また「満足いく結果」が出ないまでも「結果」をふまえて，二度と同じ「不快感」を持たないように思考や行動を変化させることもあります。

　この流れは，言い換えればPlan〔計画〕- Do〔実行〕- Check〔確認〕- Action〔調整・改善〕のセルフマネジメントサイクル（PDCAサイクル）を回していくわけです。

　就職を考えたとき，あなたが学生時代に経験したこのプロセスがた

いへん重要となってきます。あなたが,「不快感」を「解決＝成果」したその「行動」が企業の「コンピテンシー」*とマッチしたとき,またあなたがPDCAサイクルを回しながら生活してきたことを企業が知ったとき,企業はあなたが欲しい,ぜひ入社させたい,会社で活躍してほしいと思うのではないでしょうか。なぜなら,あなたなら入社後配属された部署で「おや？」と感じたら上司に相談し,必ず業務の改善をしてくれるだろうと期待ができ,あなたが積極的に働く姿がイメージできるからです。

　結局,感じるということは,「問題意識を持って」いることにつながると思います。「問題意識を持って」生活することは,生活に目標を持つことにもつながるといってよいと思います。これを図2に書いてみました。

図2　「問題意識を持って」生活する

※コンピテンシー

コンピテンシー（competency）を英和辞典で調べると「能力」と訳されています。しかし，ここでいうコンピテンシーとは「今持っている能力を使って成果を出しているか。それは，再現性があるか，どうか」ということです。

どんなに頭が良くても，どんなに的確な批評ができても，成果に結びつける具体的な行動をとれない人は，コンピテンシーが高いとはいいません。

いろいろな知識はなくても，自分の今持っている知識を活用して工夫をし，他人を巻き込んで成果を出し続ける人をコンピテンシーが高い人といいます。

今企業で欲しい人材は，コンピテンシーが高い人です。

企業では，それぞれの部，課，係で「優れた業績を上げ続ける人の行動特性」を書き出し，それを持っている人や，それに到達した人から，昇格させたり，転属させたりします。新しいプロジェクトを発足させるときには，それに必要なコンピテンシーを公開し，それを持っている社員を公募したりします。たとえば；

仕事・項目	コンピテンシー
業務一般	効率性，正確性，先見性，情報収集
対人関係	対人洞察，説明力，育成力，バランス感覚，チームワーク力，リーダーシップ力
思考	分析力，概念力，知識活用力
自己	自律力，柔軟性，自信，達成意欲，ストレス耐性

第2章 学生生活を通して自分を知り鍛えよう

◆ なぜ自分を知る必要があるのか ────────────

　楽しい人生を送りたいと思わない人はいません。では，どんな人生が楽しい人生でしょうか。その答えは人それぞれです。タイガー・ウッズはゴルフ人生を楽しんでいるでしょうし，荒川静香はスケート人生を楽しんでいることでしょう。このような人々の共通点は何かというと，自分の特徴を最大限に生かしていることです。特徴というのは，スポーツに限らず，数学が好きだとか旅行が好きだというのでも，音楽や絵画でも，何でもよいのです。自分の特徴を生かせる人生を選ぶことが，楽しい人生を約束します。そのためには，自分の特徴を知らなければなりません。

　自分のことは自分が一番よく知っている，と思っている人もいるかもしれません。しかし，多くの場合，これは正しくありません。たとえば，皆さんは次のような質問に，自信を持って答えられるでしょうか。

　◇ライフワークとして取り組みたい仕事または趣味は，何ですか？
　◇次の6つの職業分野の，どれが自分にぴったりしていると思いますか？
　　（ホランド（Holland, J. L.）の六角形理論より）
　　①現実的分野：物，道具，機械，動物などを扱い，決まったやり

方で整然と操作したり活動したりする分野。物が好きで，対人関係は重要視しない。スポーツの専門家，建設機械のオペレータ，ブリーダー（ペット繁殖業）などがその典型です。

②研究的分野：物理的，生物的，文化的な現象を理解，コントロールするために，それらを観察，記述して，創造的な研究をする分野。科学的，数学的な能力を使うけれども，対人的な能力を使わない。企業，国，大学の研究所研究員や，大学その他の学校の教員などがその典型です。

③芸術的分野：絵画，音楽，彫刻その他の芸術的な作品を創造する分野。言語，美術，音楽，演劇，文筆など芸術的能力を発揮するけれども，事務的あるいは商業的能力を使わない。音楽家，建築家，俳優，映画監督などがその典型です。

④社会的分野：情報伝達，訓練，教育，治療，啓発など，対人接触を伴う分野。物，道具，機械を扱うよりも人と接触する活動が多い。人間関係能力を使うけれども，手足の運動，技術的な能力を使わない。カウンセラー，教師，看護師，社会福祉士などがその典型です。

⑤企業分野：会社や団体などの目標達成，経済的利益の追求，他者との交渉を伴う分野。指導力，対人処理能力，説得力などの能力を使う反面，科学的能力を使わない。企業のマネージャー，団体の長などがその典型です。

⑥慣習的分野：組織や経済的目標の達成のために，データ処理やそのための操作を行なう分野。事務的能力，計算力，商才などの能力を使う反面，芸術的能力を使わない。国や企業の決まった事務処理を行なう事務員がその典型です。

◇あなたは人と接する仕事，物を扱う仕事，アイデアで勝負する仕

事，データで勝負する仕事のうち，どれに向いていると思いますか？

　これらは，いずれも自分の特徴をよく知っていて初めて答えられる質問です。自信を持って答えられない人が多いと思いますが，だからといって心配する必要はありません。自分の特徴を理解するために，高校や大学でいろいろな活動を行なって，試してみればよいのです。試してみて，これは面白いとか，これは思ったほどのものではないとか，実際の体験を積み重ねて，自分が活動したい分野を少しずつ明確にしていくのです。

◆ 自分の特徴を知る方法

　自分の特徴は，意志さえあれば知ることができます。皆さんはこれまでにも，すでにやってきていることと思います。たとえば，数学の試験でよい点をとって，「あれっ！　僕って意外に数学ができるんだ」と思ったり，マラソンで上位に入って，マラソンは自分に合っているかもしれないと思ったという記憶のある方は多いでしょう。これを意識的にすればよいのです。ただ，高校や大学の出口は大人社会の入り口で，そこでは進学か就職か，就職するとすればどのような分野か，という意思決定をしなければならないので，その準備として自分の特徴をいっそう明確に知る必要があります。

　◇嫌だと思わない限り，どんなチャンスもとらえて，とにかくやってみましょう。特に今までやったことのないことを，初体験してみましょう。最初つまらないと思っていてもやってみると意外に面白かったり，あこがれの運動部に入ったけれども違和感を持ったり，というようなことがあります。学生時代ほどいろいろな種

類の活動ができる時期は，一生のうちでもほかにありません。そんな好機を，ただ漫然と何もしないで過ごすのは，ライフキャリアの視点から見ると，あまりにももったいない話です。
◇自分を知る観点は2つです。前にも述べましたが，その活動が楽しいか楽しくないか，結果が出たか否かです。やってみて楽しくてよい結果が出た場合には，その活動をとことん追及することをおすすめします。あなたはその分野で才能を持っているかもしれません。逆に楽しくなくて結果が出ない場合には，その分野は，何か特別の理由がない限り，やめてほかを探したほうがよいと思います。楽しいけれども結果が出なかった場合，楽しくないけれども好成績をあげた場合は，もう少し続けてから判断することをおすすめします。

◆ 自分の特徴を鍛えよう

　自分の特徴がわかったら，それを鍛えることをおすすめします。数学が強い人はさらにそれを学び，野球が得意であればどこまでできるか試してみる，というのが自分らしい生き方の出発点です。これからは専門性が重要な時代ですから，何か得意なものがあることは大きな強みで，自信につながります。

　反対に，弱点を強くしようとか，コンプレックスを直そうと懸命になる学生もいますが，これはあまりおすすめできません。第一に得意なものをやるほうが楽しいし長続きします。そうしているうちに特徴が磨かれて自信がつくと，「弱点はあってもいいや」と思えるようになります。そう思えると，弱点のある行動をすることがあまり嫌でなくなりますから，いつのまにか弱点が弱点でなくなっている，という

■第2章 学生生活を通して自分を知り鍛えよう

ことも起こります。

◆ 高校生と大学生の違い

☆ 高校生活

　今から20年前の高校生活といえば，生徒手帳（校則）に書かれていることを守って毎日生活することが当然でした。たとえば，通学は制服着用，茶髪厳禁，スカートの丈や，靴や靴下の色までも決められていました。アルバイトなんてとんでもない。また入学時にカリキュラムは決まっていて，必ず受けなくてはなりませんでした。

　最近は，校則の運用に，私立高校，公立高校で差があります。また首都圏，地方都市での差もあります。首都圏では，私服や，化粧なども容認している学校もあります。アルバイトは，ほとんどの学校で生徒からの申請があれば許可を出しているようです。また，進学も偏差値だけでなく，個性にあった学校探しが，主流になりつつあるようです。

　生徒に自己管理（社会人としてのマナーを守るとか，人に迷惑をかけないとか）を求めながら，学校は，少々のことには目をつぶり，何とか生徒を卒業できるように先生が手をさしのべてくれ，世間の目も「まだ高校生だから…」と甘いところがあります。皆さんは，甘えるところはうまく甘え，高校生活をエンジョイしてきたのではないでしょうか。

　なかには，部活動・サークル活動・ボランティア活動・インターンシップに熱中した生徒もいることでしょう。特に卒業後，就職する道を選んだ生徒は，受験勉強から解放されているので，そのような活動を積極的にされるようにおすすめします。そうすれば，コンピテンシ

ー（21ページ参照）が身につき就職にも有利ですし，後に述べる「一生の友人」ができるかもしれません。

☆ 大学生活

　大学生になると，校則にしばられることはありません。大学生の生活は，服装も登校時間も講義への出欠も自由です。しかし自己管理が求められます。ふつうは4年間で規定の単位（卒業単位）をとって卒業しますが，8年間在学できます。病気や留学などでこの8年を利用して卒業する人もいますが，なかには，アルバイトで，部活で，またただ何となく決められた単位を取得せずズルズル在籍する学生もいます。ただし8年間で卒業単位を取得しなければ自動的に退学となります。大学に在学している8年間は，講義を受けなくても，休学しても，留学しても，理由の如何にかかわらず学費を払い続けなくてはなりません。学費を支払わなければこれも退学の理由となります。

　卒業単位は3年間で取得できる場合もあります。上手に受講すれば，1年間の長期，本当の自由時間をつくることができます。これを利用して，語学留学をする学生もいます。

　大学生活の時間は，自分の一生で，だれにも拘束されることのない本当に自分の時間です。ボーッとして過ごしても，計画的に目標を持って過ごしても，それは，自分の勝手です。しかし，一日は24時間，時計は止まらずに回っています。だれにも拘束されない自由な時間を持てるのは人生のほんの一時期です。無駄に使うには，もったいないように私は思います。

　部活動，サークル活動，ボランティア活動，インターンシップ，アルバイトなど，学生時代しかできない体験をできるだけたくさん経験してはどうでしょうか。また休学して長期留学（留学制度を持ってい

■第2章　学生生活を通して自分を知り鍛えよう

る大学では休学をしないですみます）をしたり，長期旅行をしたりすることもできます。それに大学生活中に起業して成功している起業家もたくさん見受けられます。このように大学生のままで社会人として活動をするのも自由です。

☆ 一生の友をつくる最大のチャンス

　たくさんの友だちをつくるのも高校・大学時代だと思います。同期，先輩，後輩，先生など，この時期に親しくなった友人とは，いつまでもおつき合いする仲間となる可能性が高いと思います。

　特に部活動などでの先輩後輩のつき合いは，特別な関係になります。私の先輩は卒業しても後輩の面倒を見てくれました。就職のアドバイス，人生のアドバイスなど自分が迷ったとき安心して相談できる得難い仲間となるのではないでしょうか。

◆ 自己管理

☆ 自己管理と目標の見つけ方

　（自己分析のやり方（65ページ）を参考にしてください）

　一つだけ学生に要求されることがあります。それは「自己管理」ということです。自由だからこそ「自己管理」が必要だと思います。

　ではどのようにすれば「自己管理」をしているということになるのでしょうか。簡単な方法は，「目標」を持つことだと思います。「したいこと・やりたいこと」があれば，それが，あなたの学生生活の柱になり，それを中心に時間配分ができるのではないでしょうか。

　目標「やりたいこと・したいこと」と言われて「そんなものないよ」と言うなら見つけようではありませんか。就職活動での自己分析

の仕方と同じですが，その見つけ方の一つを紹介しますから，参考にしてください。

あなたが，これまでの人生で，「何かをしていてワクワクして時間を忘れたことがないか」を思い出してください。

まずポストイットに「ワクワクして時間を忘れたこと」を書き出してタイトルをつけましょう。そしてポストイットを分類しましょう。そうすると何組かのグループにまとめることができるはずです。もしバラバラで何一つグループにできないときは，たとえば「昆虫が好きだ」を「生物が好き」というふうに，そのタイトルを拡大してください。そうすると大きな枠が3つか4つぐらいできませんか。ポストイットの山を整理していくと自分が本当にワクワクしていたことが見つかるはずです。その大きな枠から「したいこと・やりたいこと」を選んではどうでしょうか。

☆ 目標の達成「ちりも積もれば山となる」

続いて，見つけた目標の達成方法です。目標は，何個あってもいいわけですが，何年でそれをやるかを決めたほうがやりやすいと思います。どうせやるなら決めた期間内にできたほうが気分はよいものです。その方法を一つ説明しましょう。

毎日コツコツやることです。どこかのWebで読みましたが「1％の努力を毎日続けましょう」。

1％を数字で表わすと，1.01ですね，これを100日継続することを1.01の100乗と考えてください。さてどうなるでしょうか。パソコンで確認をしてみましょう。次の手順に従って操作をしていってください。

① パソコン上で［EXCEL］を開き「fx」をクリックしてください。

②関数の検索画面が出ます。
③一番上の空欄に「乗」と入れてください。
④関数名が,「POWER」となりましたら「OK」をクリックしてください。
⑤関数の「引き数」という画面が出ます。
⑥数値欄に「数字：1.01」を入力してください。
⑦指数欄に「乗数：100」を入力してください。
⑧そうするとその画面の下に計算された数値が出ます。
⑨2.704813829

　そうです。1％の努力を100日継続すると100日後に2.7048になるのです。1が100日後に2.7倍になるのです。「ちりも積もれば山となる」とは，まさにこのことではないでしょうか。「継続に勝るものはない」といわれる理由がここにあるように思います。

☆ 目標達成計画の立て方

　（キャリアプランの立て方（80ページ）を参考にしてください）

　続いて目標達成日程の立て方ですが，まず，いつ目標を達成するか，短くても長くてもゴールを決めましょう。そうしてゴールまで階段（1段を1か月または1年と考えてはいかがでしょうか）を一段一段上るのでなく，ゴールから階段を一段一段降りていきましょう。ゴールに立っている自分（目標を達成した自分の姿）をイメージしてください。必要なスキルあるいは経験を身につけ，資格を取って何かに打ち込んでいる自分。自分がその階にいるために，一段下の階段の自分を次のようにイメージしましょう。スキル，経験，資格を取得するために努力している自分。3週ごと，あるいは3か月ごとにチェックポイントをつくって，計画の進行状況を点検してみましょう。反省を

次の計画遂行に反映させることができます。また反映させなくてはなりません。

　もし進行が早ければ、ゴールの階段を下げて、新しい目標をそこに入れましょう。進行が遅ければ、能率を上げるために一日に使用する時間を調整してください。決してゴールを先に延ばさないことが目標をクリアするコツです。そのためにゴールから階段を降りてきたのですから。

☆ 時間をどのようにして自分のものとするか

　「勉強、部活・サークル活動、アルバイトで、とても考える時間がない。まして、自分の好きなものを見つけてそれを極めるなんて時間はとてもつくれない」という言葉をよく耳にします。確かにとても忙しい学生生活を送っている学生もいます。しかし、スケジュールがぎっしりな学生ほど、自己管理や時間管理ができているようです。

　友人からの誘いをすべて受ける必要はありません。断る勇気を持たなくては自分が使える時間をつくることはできません。つき合いはとても重要ですが、自分の時間は自分できちんと管理できるようになってください。

　ではどうやってつくったらよいか、大学生の場合で、例をあげて説明しましょう。たとえば、あなたの所属しているサークルが、毎週飲み会を開き意思の疎通を図っているとしましょう。1か月に飲み会が4回あるとします。2回自分が参加できるとしたら、2回は自分から「今日は行きましょう」と皆を誘う。あとの2回は「今日は用があるからお先に」と帰る。その結果として、あなたの周りの人には、あなたが自分の時間がとれるときは自分から皆を誘ってくれ、参加できるときは率先して参加してくれる人だという人間像が確立されます。つ

き合いが悪いと思われたくないとか，友だちを失いたくないとかで自分を見失わないようにしてください。自分がどのようにしたいのか，これが自立の始まりです。断る勇気がなくては時間をつくり出すことはできません（16ページ「人間関係構築方法」の③参照）。

時間は自分でつくる工夫をしなくては，だれかが与えてくれるものではありません。時間を大切にすることを日頃から心がけてください。自分の使える時間をつくるのはあなた自身なのです。

朝日新聞就職・転職ニュースの「人生を支えるのは仕事」の中で，村上 龍氏は「大多数の若者は，成功しようと思ったら長い時間をかけて知識やスキルを得なければならない。（中略）若者の主な資源は，時間です」と述べられています。その資源である時間を生かして使いましょう。

◆ 部活，アルバイト，インターンシップのおすすめ

部活・サークル活動，ボランティア活動やアルバイトは，非常に重要です。皆さんの学生生活の中で大きな部分を占める，といえるくらいエネルギーを注ぐことをおすすめします。

これらに所属する目的は，スキルアップもありますが，もっと重要なことは，友人ができることなのです。いろいろな地域から来た同級生，先輩，後輩，他校の学生，社会人との交流の場を積極的に持ちましょう。高校3年間と大学生活4年間で，一生つき合う友人ができるといわれています。学校生活をともに過ごした友人は，社会に出ても何かと相談に乗ってくれる親友になることが多いように思います。

学生生活での先輩・後輩の人脈は，あなたの就職の際，どんな仕事に就こうかと迷ったときや，仕事で行き詰まったときなどに，すばら

しいヒントをくれる貴重な友人となるはずです。

☆ 学内・学外の部活・サークル活動，ボランティア活動

部活・サークル活動をぜひ学生生活の中に取り入れましょう。

入学式で，学校の門を入ると，あなたはいろいろな部やサークルから「ぜひ入部してほしい」と声をかけられたり，腕を引っ張られて部・サークル室まで連れて行かれたりして驚くかもしれません。よく話を聞いて，自分のやりたい，興味を持った部・サークルに入部しましょう。

部活とサークル活動の違いを簡単にいうと，部の名称のついた活動組織は，高校・大学連盟などに加盟していて，連盟などが開催する大会で優勝をすることを目標に技を磨き，それに向かって練習をします。運動部では，先輩後輩の関係は昔のように厳しいものではありませんが礼儀を尊重する精神が残っています。サークルは，楽しむことを中心にして集まった同好の士の集団か，歴史が浅く，部に昇格する前の組織の場合もあります。

しかし学校の活動に限定することはありません。地域のクラブ，あるいは，同好の仲間でつくったバンドなどの活動もすばらしいと思います。また最近は，ボランティア活動に目を向ける学生もふえています。1つに限らず，自分の興味あるものにチャレンジしてみましょう。いろいろやってみれば，自分にはこれが一番あっているようだと思えるものが必ず見つかるはずです。学内・学外の組織に所属してコミュニケーションの輪を広げていってください。

同じ目的，興味・趣味を持った先輩・同期・後輩たちとつき合うチャンスです。最初は，知らない人の中に入っていくわけですから，結構緊張し，不安かもしれませんが，それは，あなただけではありま

せん。新入部員は皆同じように不安に思っています。先輩が新入部員の気持ちを察知して仲間となれるように気を遣ってくれ，レクリエーション（新入生歓迎会など）を催してくれます。1か月もすればあなたは，何年も所属していたような気になってワイワイやっているかもしれません。

　高校3年間と大学4年間でできた友だち，特に部・サークルでの先輩・同期・後輩は，自分の人生に大きな影響を与えてくれる友人になるはずです。

　私の話になりますが，大学で「私は人見知りで，人前へ出るのが苦手でした」。この性格を直そうと，「ユースホステルクラブ」へ入部しました。このクラブは，長期休みには，部員がグループでユースホステルを利用して日本全国を旅して歩きます。夏休み明けの部会でそれぞれが報告をしますが，私に順番が回ってきたときとても緊張し，自分で何を話したか思い出せないほどでした。しかし，先輩の「おまえの話は，面白かった。俺も来年は北海道へ行くよ」の一言は，私に，人前でも話せると自信を持たせてくれました。この先輩の言葉は，企業で営業担当として活躍するきっかけにもなりました。

　2年に1回開催されるOB会では，その先輩に，「先輩の一言が，今の自分をつくってくれたのです。本当に有り難うございました」と感謝の言葉を伝えました。先輩は，「そうか，そんなことを俺が言ったか」と思い出せないようでしたが。

　もう一つ，車の運転免許がとりたいと自動車部に入部しました。また，ワンゲルの行事にも積極的に参加しました。

☆ 部・サークル活動，ボランティア活動と就職活動

　ここでも「感じる」ことを大切にして，活動してください（20ペー

ジ図2参照)。あなたが組織の運営でも、練習方法でも、何でも「おかしい」と思ったことを同期・先輩に勇気を出して「これは、おかしいと思うんです。こうしたらいかがでしょうか」と自分の意見を添えて相談しましょう。

就職活動のマニュアル本に、「部やサークルの部長経験がないと面接で評価されません」と書かれ、サークルが乱立したことがあります。「部長でした」「リーダーでした」ということが「指導力・リーダーシップ力、コミュニケーション力」があると評価されていた時代は終わりました。無理に新しく組織をつくって部長になることはないと思います。一部員として活動する中で、あなたが「感じる」ことを大切に活動し続ければ、必ず「あれ？」と感じることがあるはずです。それを見逃さないで、「何とかしたい」「よりよい成果を出したい」とPDCAサイクルを回してみてください。これが部活を楽しくする方法です。また就職活動では、この経験がコンピテンシー面接（98ページ参照）の鍵となります。

たとえば、部活に出てこなくなった仲間がいるとします。「どうして部活に出てこないんだろう」と思った。せっかくここまで一緒にやってきたのに残念だ〔感じる〕、とりあえず話を聞いてみようと思い〔考える〕、相手が必ず家にいるときを調べて〔工夫・情報収集〕、相手のアパートへ出かけてみた。そうして出てこない原因を話してくれるようにはたらきかけた〔行動〕。この時、もし口が重くてはっきり話してくれないとしたら、どうしたら話してくれるか工夫・情報収集をして、またアパートへ出かけ、原因を話してもらい、それを解決することができた。そこで、再び一緒に部活をやるようにはたらきかけた〔行動〕。そうして、部活をまた一緒にやるようになったなら、このサイクルは終了です〔成果〕。こんなことから、一生の親友が生

まれたりします。部活・サークル活動は、学生生活の中でも大きな比重を占めるあなたの生活の一部となります。この経験は、あなたが、問題意識を持って生活している証です。「感じる」とは問題意識を持つことです。人生（学生生活・会社生活・家族生活・地域生活など）を楽しく過ごすコツといえます。

☆アルバイト

今では、アルバイトは学生生活と切っても切れない関係になっています。アルバイトをしている学生の口から「学費は両親にお願いしても、それ以外は自分で稼ごうと考えて」という言葉をよく耳にします。最終学年になると卒業旅行へ出かける学生が多いのですが、その経費をアルバイトで稼ぐ学生も多いようです。

アルバイトは唯一学生がお金を手に入れる手段だと思います。しかしアルバイトの選択基準を時給だけにしないで、その内容を吟味してほしいと思います。両親に「そんなアルバイトやめなさい」とか、友人に「そのアルバイトやばいんじゃないの」と言われるような内容のアルバイトは遠慮してください。

最近のアルバイトの職種は、ほとんどが流通・外食産業に分類されるコンビニエンスストア、スーパー・ホームセンター、家電量販店、アパレルなどの販売員や外食産業のフロアーや厨房担当業務となっていて、アルバイト料も1時間あたり平均1,000円以内となっています。1,000円以上の時給となると肉体労働や風俗関係などがほとんどで、学業との両立が難しくなってくると思います。

学生としての品位が保てるアルバイトを体験することで、就職活動で「あなたが学生時代に力を注いだことは」の質問に「はい、アルバイトに…」と堂々と発言したり、履歴書に「私はアルバイトに…」と

記入したりできるのです。

☆ アルバイトを学びの場とし，就職活動に生かす方法

　アルバイトをする場合も，自分の成長の一助にするということを考えてほしいと思います。アルバイト先の社会人（社員）や先輩との交流もとても大切です。ここでできた友人や部・サークル活動の友人のアドバイスは，不思議と両親・兄弟・姉妹のアドバイスに比較して素直に耳に入ってくるものです。

　アルバイトも漫然と時間を過ごすのではなく，「感じる」ことを大切にして，自分なりの工夫を心がけてほしいのです。

　たとえば，私が経験したことですが，本屋さんで本を買うとビニールの袋に入れてセロハンテープで留めてくれるのがふつうですが，私の本を扱ってくれた女性店員は，一味違いました。セロハンテープの端を折って耳をつくって留めてくれたのです。自宅に帰って本を取り出す際，スムーズにセロハンテープをはがすことができました。些細なことですが，たぶん彼女は自分でもテープをはがすことが困難で，カッターでカットするか，袋を破くかで，「何とかしたい」と考え〔工夫〕をしたのだと思います。「自分がこまったことはお客様も同じに違いない，何とかしたい」と工夫をし実行する力〔＝行動力〕が大切だと思います。これが社会人に必要とされている「問題意識を持って日々生活する」こと（これは前述のストレス対処法の一つ：問題解決能力をつけること）（12〜13ページの表参照）といえるのではないでしょうか。社会人としてのウォーミングアップをアルバイトの中でしてはいかがですか。そうすることが，就職活動であなたが内定を獲得する際の大きなポイントになってきます。

　それでは，就職活動で，役に立つアルバイトのやり方をお話ししま

■第2章　学生生活を通して自分を知り鍛えよう

しょう。あなたが，ファーストフード店でアルバイトをしていると仮定してください。以下は接客中の会話の一コマです。あなたは，どのフレーズに何を感じ，どのように考え，それを店長に提案する「行動」にうつしますか。また行動にうつしたときどのような工夫を加えますか。一つひとつの応答から，気になることがあった箇所〔感じたところ〕を〔問題発見と心くばり〕として抜き出してみてください。

【ある日の一コマ】
　二人連れのお年寄りが，お店に入って来ました。やおらメニューを見ます。
客A1：「ハイカラだねー。餡入りのドーナツはないんだね，あら日本茶もないんだね。どうしましょう，Bさん」（字が細かいのか，袋から眼鏡を取り出し，かけました）
客B2：「せっかく入ったんだから，他へ行くのもしんどいし，ここにしますかね，Aさん」
アルバイト1：「いらっしゃいませ」「お持ち帰りですか，店内でお召し上がりになりますか」（"早くしてよ，もう，イラックなー"と思いながらもニコヤカに声をかけます。"早く，早く…"と心で言いながら）
客A3：「ねー，おねえちゃん。これ見えないんだけど何て書いてあるの？」「へー，そうなの。ところで，こっちは？　はー，じゃー，こっちは？」
アルバイト2：「ハイ，こちらは，……と書いてあります」「じゃー，全部読んでみますね」（"もー，イラック"と思いつつもゆっくり読んで，一つひとつ説明して，"ああーあー，全部読んじゃった，今日はこれで5回目，たまんないね"）
客A4：「ねー，おねえちゃんは，親切だね。ありがとう。じゃー，これにしようかしら，ねー，Bさん」
客B5：「そうだねー，Aさん。でもわたしゃ日本茶がほしいよ。ねー，お

　　　　　　ねえちゃん，日本茶を特別にくれませんかね」
アルバイト３：「申し訳ありません。置いてないんですよ。コーヒーの薄い
　　　　　　のがアメリカンというので，それでどうですか」
客Ａ６：「あら，そうなの。それじゃー，それを試してみますかね，Ｂさん」
客Ｂ７：「そうですね。そうしましょう。ところで，どこで食べますかね。
　　　　イスがないけど」
アルバイト４：「お二階はあいてますよ」
客Ａ８：「二階ねー。しんどいけど仕方がないですね，Ｂさん」
客Ｂ９：「そうしましょう。おねえちゃん，じゃー，……」
アルバイト５：「ありがとうございます。私がお二階までお持ちしますか
　　　　　　ら」（"やっと終わった。年寄りは，しょうがないね"）
客Ａ10：「おねえちゃんは親切だね。よかったね，Ｂさん，じゃー，二階へ
　　　　行きましょう。よっこらしょ」

▼　〔問題〕発見と〔心くばり〕

　ここに「あれ？」と感じたフレーズを以下にあげてみました。あな
たも見つかりましたか。
　①〔問題〕客Ａ１はメニューを見るのに「眼鏡を取り出し，かけ
　　ました」。それと客Ａ３の話で何か思いつくことはありません
　　か？
　　　メニューの字が小さいのではないか，何とか解決できないかな
　　と，思いましたか？
　②〔問題〕客Ａ１「餡入りのドーナツはないんだね」に，なるほ
　　どそんなことも考える人がいるのだ，何人の客が「餡入りのド
　　ーナツ」を欲しいと思っているのだろう，と思いましたか？
　③〔心くばり〕アルバイト１・２の（　）内の部分は，心の中で
　　の思いですから問題はないと思います。メニューをゆっくり全

■第2章　学生生活を通して自分を知り鍛えよう

部読んであげたところを心くばりと評価できます。
④〔問題〕客B5「日本茶を特別にくれませんかね」に、なるほどそんなことも考える人がいるのだ、他の人に聞いてみよう、と思いましたか？
⑤〔心くばり〕アルバイト3の応答は、一歩踏み込んで代替品を勧めている点が評価できます。
⑥〔問題〕客A8「二階ねー。しんどいけど仕方がないですね」に、お年寄り用に一階にテーブルを確保しておくことも必要かな、と思いましたか？
⑦〔心くばり〕アルバイト5「私がお二階までお持ちしますから」は、お年寄りに対する配慮が評価されます。

　上記のように気になる箇所〔問題〕が4か所、〔心くばり〕が3か所ありました。
　これを問題発見だけで終わらせず、店長への提案行動につなげていけるかどうかが、とても重要なことなのです。ここでPDCAサイクルを回しながら工夫や情報収集、相談を展開し、何らかの結果（成果）を出していく――そのような行動をとれる人をコンピテンシーが高い人と評価します。

▼**面接での生かし方**
　この事例のアルバイトをした学生がコンピテンシー面接（98ページ参照）を受けたら、たとえば次のようになります。

面接者：何かあなたなりの工夫をしたことがありますか？
学　生：ハイ、店で扱っていない日本茶の注文をいただき、扱っていないと丁寧にお断りしたのですが、接客する中で日本茶の注文が多いように感じ、アルバイト仲間に聞いてみました。集計すると、一日20名

　　　　以上のお客様が，日本茶を注文されます。そこで，1週間の統計を
　　　　とって，店長に，本社と交渉してほしいと要望しました。
面接者：要望はかなえられましたか？
学　生：まだですが，店長は，私たちの1週間の合計が88本なのを見て，店
　　　　長会議で提案してくれました。本部で検討を約束してくれたそうで
　　　　す。また各店独自のメニューを考える時期なのかもしれない，今後
　　　　ドシドシ各店から提案をするようにと指示が出たそうです。

◆ インターンシップ

　アルバイトと違って社会人と同じ立場で仕事を経験することをインターンシップといいます。これは，学生が企業の一員となって通常の仕事を体験することです。

　1997年旧「文部・労働・通産」の3省が，インターンシップとは「学生が在学中に自らの専攻，将来のキャリアに関連した就業体験を行うこと」と定義づけています。それ以後インターンシップは特に大学で急激に広まってきました。

　高校生向けには，教育委員会や地域で「高校生インターンシップ推進協議会」や「キャリア体験等推進地域協議会」を組織して取り組みをスタートさせています。

　大学生向けには，学校独自にインターンシップ受け入れ企業を開拓し，さらに経営者協会の「ハイパーキャンパス」に加盟し，より多くの学生がインターンシップを経験できるように便宜を図っています。またインターンシップを経験することを「単位」として認める大学もあります。大学の中にはインターンシップに送り出す学生に「社会人としての心得とマナー」のトレーニング受講を義務づけているところ

もあります。

☆ なぜ今インターンシップなのか？

　なぜ今，日本でインターンシップが急速に普及してきているのでしょうか。フリーターやニートの増加に象徴されるように，若者の間に職業観・就業意識の希薄化，多様化が一段と進んでいます。インターンシップは，学生が，企業の一員として通常の仕事を体験することを通じて，仕事，職業に対する興味・関心を高め，自らの適性や適職を考える機会を持つことで，若者の就業意識を喚起したいからです。

☆ インターンシップとアルバイトの違い

　インターンシップは，企業で仕事を教えてもらうのですから，原則として，交通費，給料，昼食費などの諸経費はいっさい出ません。インターンシップを受け入れる企業も，通常の仕事の流れに学生を入れるので，それぞれの部署との調整に時間をとられます。なかには，しぶしぶ会社の命令で受け入れを了承する部署もあります。当然，業務の流れだけは止めないでほしいと条件が出てきます。ですから，学校も学生をインターンシップに送り出す前に学生の意識を確認する面接を行なったり，「社会人としてのマナー」講座を開催し，礼儀作法から名刺の出し方など，新入社員の教育カリキュラムの一部を実施したりするほどです。

　学生は，企業に教えてもらっているとの感覚と，迷惑をかけないとの思いを胸にインターンシップに参加してほしいものです。

☆ 参加学生の感想

　学生はインターンシップで，配属された企業の部署で約2週間，社

員と同じように朝出勤し，業務を見習い，退社します。社員の足手まといにならないように学生は一生懸命頑張らなくてはなりません。今までの学生生活がいかにだらしなかったか思い知らされ，それ以後生活が一変したと報告してくる学生がたくさんいます。

またインターンシップ先では，他校の学生とチームを組まされることもあります。他校の学生がどのような思いで学校を選び，勉強しているかを直接聞くことができる貴重な時間です。高校生でインターンシップを経験した8割以上の生徒が働くことの大変さ，仕事のうえでの責任感とやりがい，マナーの大切さを知ったと感想を述べていたとの報告もあります（モノグラフ・高校生 vol.73.の「高校生とインターンシップ」）。また大学生の中には，インターンシップ後，同期会ができ，「情報交換をしながら切磋琢磨して充実した大学生活を送れた」と卒業後コメントをくれる学生もいます。

しかし，「アルバイトと同じように使われただけでした」との報告もあります。企業選択時にインターンシップのカリキュラムに目を通し，学内で開催される「インターンシップ報告会」での先輩の話を聞くことで，このようなことを回避してほしいと思います。充実したインターンシップにするかしないかは，あなたの情報収集如何にかかっています。

第3章　就　職

ではいよいよ就職に焦点を当てます。最初に就職にまつわる諸問題を取り上げ，その後就職活動の仕方などを説明します。

◆ 企業が皆さんに何を求めているか

就職にあたって面接を受ける場合，どんな人が面接に合格して入社するのか，皆さんは気になることでしょう。面接を受ける以上，だれでも合格したいので，相手の気に入るようにしなければと考えるかもしれません。そこまでは考え方としては正しいのですが，つけ焼刃では駄目です。学生時代の生活全体を総動員することにより一人前になること，が求められているのです。

図3は，カッツ（Katz, R. L.）という人が考えた，企業人に必要な3つのスキルと職位との関係です。

テクニカルスキルとは，パソコンが使えるというような技術的スキルです。ヒューマンスキルとは，対人関係，チームワークをうまくやれるスキルです。コンセプチュアルスキルとは，会社の経営方針というような，基本的な考え方を創造するスキルです。新入社員は職位が最下位ですから，図の一番左側の部分です。コンセプチュアルスキルは少なくてよいのですが，ヒューマンスキルの比率はどの職位とも同じだけ要求されます。テクニカルスキルの比率は，どの職位よりも高く要求されます。

これからわかることは，新入社員にはテクニカルスキルとヒューマ

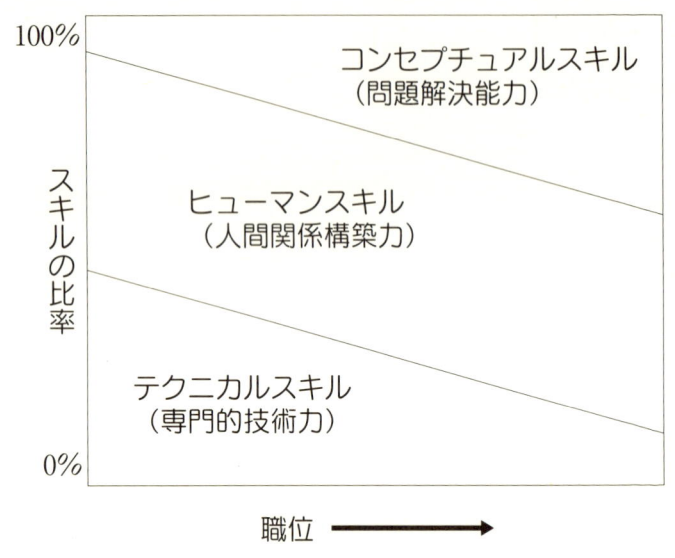

図3 カッツによるスキルと職位の関係

ンスキルとが要求されるということです。学校の授業だけでこの両者を身につけることは難しいと思われますが，大学では部活やサークル，研究会など多種多様な活動の場があります。高校でも，大学ほどではないにしても，同様の活動の場があります。それらをうまく活用すれば，楽しみながら両者を身につけることが可能です。

特にテクニカルスキルを身につけるには，早めに自分のやりたいことを見つけることがコツです。その仕事に就くために必要なスキルや資格を学生時代に取得することができるからです。

この意味で，学生時代は会社に入る準備をするところということができます。しかしこれは同時に，一人前の社会人になる準備でもあるのです。

■第3章 就　職

◆ 人間力

　新入社員のみならず，中途採用でも同じく，今企業が求めている人をキーワード一言で言うと，「人間力」のある人です。ちょっと変な言葉だな，と感じる方がいるかもしれませんが，企業の人事部では現在これがよく話題に上ります。人間力とは何か，人それぞれ細かい点では若干考え方が違いますが，大筋は共通です。これに関しては，「経済産業省の社会人基礎力に関する研究会の中間とりまとめ」の中で，「社会を構成し運営するとともに，自立した一人の人間として力強く生きていくための総合的力」と定義されており，「人間性，基本的な生活習慣」「基礎学力」「社会人基礎力」「専門知識」などを含むものと考えられる，となっています。私はこれをやや単純化して，実務能力プラス次の3つと考えています。

　　①自分なりの考えを持っている人
　　②明るい人
　　③優しい人

　そんなに難しいことは要求されていない，ともいえますが，見方によっては難しい点もあるかもしれません。

　つまり，人間力というのは，実務能力に，人間の本質により近い特徴を加えたものということができます。実務能力はトレーニングで身につけられますが，それ以外の部分は簡単に身につけることはできないのです。

　では，今，なぜ，企業は人間力などという訳のわからないものをキーワードとして社員に求めるのでしょう。昔からの知識・技術・スキルとどこが違うのでしょうか。これは当然のことながら，企業の維持

発展が社員の人間力の総和に依存すると考えられるようになったからです。

　今までは，トップの方針・指示命令を，一般社員が忠実に実行するというスタイルが広く行なわれていました。したがって，カッツの図（46ページ）にあるように，企業における上位者はコンセプチュアルスキルで，経営方針，営業方針，人事方針などを作成し，下位者はその方針を実行する，という役割分担で，うまく企業は運営できていました。ところが，社会の変化が急激で，競合も厳しくなり，スピードが要求されるようになった現在，この方式ではうまくいかなくなったのです。たとえば，ビジネス環境は日々新しくなり，営業方針にしても，方針が出たらすぐに古くなり，営業マンは今までのスタイルではカバーできない環境に遭遇します。その場合に，方針をつくった上位者の指示を待っていると，競合他社に遅れをとってしまいます。ですから営業マンは自分なりに考えて行動しなければなりません。上位者の指示に従うだけでしたら，旧来の知識・技術・スキルがあればよかったのですが，指示にない新しい環境で自分なりの答えを考え出して行動するには，それだけでは足りません。上位者の指示の意図するところは何か，職業倫理としてはどうか，自分の得意不得意分野は何か，だれに相談すれば見通しがつきそうか，などを瞬時に判断することが必要です。つまりは，人間力に基づくことが必要になりました。

　実務能力を除く人間力の要素それぞれについて，説明しましょう。

☆ 自分なりの考えを持っている人

　前述の営業マンの例でいえば，上位者の指示にない新しい環境に遭遇した場合に，自分の頭で考えて妥当な結論が出せる人，というイメージです。ここで重要な点は，自分で責任を引き受けることです。結

果がうまく出せなかった場合に，指示に従って行動したのであれば，指示者の責任にできます。だれかにお伺いを立て，教えてもらって行動した場合には，教えた人に責任の一端を持ってもらえます。しかしながら，自分で考えて行動したのであれば，結果の如何にかかわらず自分で責任を引き受けるほかありません。うまくいけば業績になりますが，まずい結果が出れば，批判を浴びることになります。

　こういう決断ができるようになるには，常日頃から，自分自身の頭でものを考える習慣をつけておくことが重要です。いつも他人の意見を鵜呑みにしたり，社会通念に従うばかりでは，従来の経験が利用できない新しい環境においては，怖くて決断できません。他人の意見や社会通念は参考意見として理解し，最後の結論は自分で考えて出す習慣をつけることをお勧めします。こういう人は，別の言葉でいえば，リーダーシップのある人です。

　企業はそのようなリーダシップを求めています。よきリーダーがいない企業は，急速に変転する社会の中で，進路を見失い存続できなくなってしまうからです。

☆ 明るい人

　明るい暗いは性格の問題であって，企業への貢献には関係がないのではないか，と考える方がいるかもしれません。私もそうでした。私は学生の頃はどちらかというと暗いほうで，その頃は「ネクラ」と言われていた側にいました。反対を「ネアカ」と言っていました。暗い人の特徴は，世の中のマイナス面に敏感ということです。社員としては，企業のマイナス面が目について，あれはこうしなければ，これはこうすべきだなど，不満が溜まります。自分についても，欠点ばかりを意識し，美点を認めません。したがって将来も悲観的です。こうい

う人と一緒に仕事をすると、うまくいってもあまり喜ばず、常に心配ごとを気にするので面白くありません。こういう人が上司になると、部下は悲劇です。決して褒められることはなく、ちょっとした失敗や欠点は逃さず責められますから、部下はとにかく失敗しないようにと考えはじめます。これは非常なストレスですから、リスクを嫌うようになり、企業としての業績も上がらなくなります。

　明るい人というのは、ものごとのマイナス面を見ない人ではなく、プラス面もマイナス面同様にきちんと見る人です。言い換えれば、客観的にものごとが見える、ということができます。明るい人は一緒に仕事をしていて楽しく、上司になればグループの成績向上に貢献します。したがって企業に求められるのです。

　明るい人になるには、どんなことがらにもプラス・マイナス両面がある、と考えて暗い面ばかりを見ず、かといってポジティブシンキングだと称して明るい面ばかりを強調せず、両面を見るように心がけることです。私は、30年勤めた一流外資系企業をリストラされたとき、定年間近でもあり、「こんなよい会社にはもう勤められないだろう」と思いました。「これからの人生は下り坂だ」とも思いました。ところが縁あって、退職の翌月から勤務することになった会社での仕事は、今までよりもはるかに面白く、楽しいものでした。給料は下がりましたが、「これならもっと早く変わりたかった」とさえ、思いました。転職の暗い面ばかりを気にしていて、それが大きなチャンスでもあるという面を見ていなかった、とつくづく反省しました。

☆ 優しい人
　自分なりの考えを持っているというのはその人の行動基準に関係し、明るいというのは取り巻く環境や自分を含めた人間をどう見る

か，という問題です。これに対して優しいというのは，周りの人々に対する配慮です。人は一人では生きられない社会的動物ですから，他人へ配慮することは回りまわって自分も他人から配慮されることになります。結局他人へ配慮することは，自分を大切にすることにほかなりません。

優しさには，短期的な優しさと長期的な優しさがあります。たとえば部下が失敗したときに，「残念だったが今回は仕方がない。次回から頑張ってくれ」と失敗を受け入れる上司と，「何でそんな失敗をしたのだ。失敗の原因をよく考えてレポートしろ」と叱る上司がいた場合に，どちらが優しいでしょうか。前者のほうが失敗を受け入れて優しいともいえますが，おそらく本当に優しいのは，失敗から学ばせて，二度とそれをくり返さないように部下を成長させようとする後者のほうといえるのではないでしょうか。なぜなら，その場で厳しく叱られることで部下は辛いかもしれませんが，上司に対する反発が逆に成長を促し，長い目で見ればこの部下は仕事ができるようになるのではないでしょうか。「良薬口に苦し」という諺があります。優しいというと，いつも温かい，親密な人柄，と考えるかもしれませんが，それだけではない長期的な優しさが，企業が人間力を身につけた社員に望むものではないでしょうか。

また私の自慢話をすると，私が講師をお願いしていた人（Aさんとしましょう）が，講義をしているときにちょっとまずいことをやりました。やはり彼に講師を依頼している他の人々に聞くと，Aさんにはそういう面があるので，もう頼まない予定だと言っていました。Aさんとは長く一緒に働いてきたし，親しい友だちでもあったので悩みましたが，講座の質を落とすことは耐えられないので，講師を頼まない決心をしました。しかし，黙って講師の依頼をしないでおくことは，

まずいと思いました。定期的に行なう講座でしたから、依頼されないと、Aさんは当然どうしたのか聞いてくるでしょう。その時になって、実はAさんには頼まないことにしたのだ、と言うのは友情の面から考えてもひどいと思いました。それでは優しさが足りないと思いました。それで決心した翌日、理由を添えてその旨をAさんにメールしました。Aさんは怒って、それ以来絶交状態です。これはとても残念な結果ですが、仕方がありません。けれども、私の行動には、ささやかな優しさがあったと今でも考えています。

◆ 就職で悩ましいもの

就職準備段階として、皆さんが考えておいたほうがよいテーマをいくつか取り上げて、考えるヒントとします。

☆ 就職か進学か独立開業か

卒業後、ニートになることを除き自活の道を選ぶとすると、この3つが主な進路です。就職組が最も多く、それから進学、独立開業の順です。ですからここでは、人数の少ない進学と独立開業を取り上げて、それ以外は就職組へという論法で解説します。

▼独立開業

独立開業は、ビジネスの一つの理想です。第一に、自分の思う通りにやれる自由があり、パートナーは自分で選べます。自分の力がそのままビジネスに反映できるのでビジネスが自己表現そのものという側面もあります。ただし、自由は責任が伴う、という言葉通り、成功の栄誉を独り占めにできる反面、失敗の責任も自分で負わねばなりません。そこで、独立開業に皆さんが踏み出す場合には、次のような条件

をよく考えたうえで踏み切ることを，お勧めします。一般的には，社会をまだよく知らない高校または大学卒業生の皆さんが独立開業するのは，無謀な試みで，最もハイリスク・ハイリターンの進路です。ただし，可能性はあり，実際にうまくやっている人もいます。

第一には，その事業がやりたいことであり，やれることであり，かつ社会のニーズであること，という三位一体の関係が堅固に成り立っていることです。やりたいことであり，かつ，やれる能力がなければ，苦しい開業スタートから軌道に乗るまでを，情熱を失わずに耐えることができません。さらに，社会のニーズに合致するものでなければ，頑張っても頑張っても永久に軌道には乗りません。

第二に，経済的な裏づけです。開業には開業資金（初期投資です），運転資金（事業を運営する費用です），それに自分の生活費が必要です。また，次のようなリスクを考慮しておく必要があります。つまり，事業が最悪のシナリオをたどる場合には，どのくらいの期間持ちこたえられるかを判断しておき，その時期が来ても軌道に乗っていない場合にはやめよう，と決めておくのです。この点が甘いと，そのうちにきっと成功するという夢を追いかけて，心身ともに疲れ果て，すべての財産や友だちを失い，時によっては心の病気になり自殺に追い込まれるという，それこそ最悪の事態が大きな口を開けて待っています。

最後に，運ということもあります。条件というには曖昧すぎるのですが，幸運です。成功者の道筋を調べると，ほとんど百パーセント，非常な幸運に恵まれています。

▼進　学
■高校生向け―大学進学について

大学進学率は，2004（平成16）年度で約50％だそうです。半分の学生が大学へ行くので自分も行こう，と漠然と考えて行く人も多いよう

ですが，ここは考えたほうがよいと思います。ちょっと前まで，あるいは今でも，高学歴が就職に有利という社会通念があります。しかしこれからは，前述のように企業は人間力を求めます。ですから，就職するよりも大学に行ったほうが人間力がつくという人は，大学に行くとよいでしょう。その場合には，経済的に許される範囲で，どんな大学に入り何を学んでどんな活動をすることによって人間力をつけるか，計画しましょう。しかしもし，大学に魅力を感じなかったり仕事のほうが自分の人間力が磨かれると考えるならば就職がおすすめです。

■大学生向け—大学院進学について

大学院進学には，独立開業のような厳しい条件はありません。就職よりも容易な面さえあります。大学院進学の目的は，学者・研究者・専門家になることです。将来の仕事としては，実務に非常に近い専門家から，抽象的な理論を研究する大学教授や研究者まで，幅広い分野から選べます。重要であるのは，専門家になろうとする情熱と能力です。進学自体は難しくありませんが，競争はこの世界でも厳しく，特に今後は大学は少子化のため教員数が絞られてくることと考えられます。したがって，一人前の専門家としての職を得るための競争は，いっそう熾烈になるでしょう。博士号をとったにもかかわらず就職先がない人もふえており，オーバードクター（OD）という名前までついています。

大学院進学者の中には，就職したくないのでとりあえず大学院へ，という消極的大学院選択者が，最近はふえているようです。お勧めはしませんが，ニートを選択することに比べると，積極的といえます。そういう皆さんには，大学院で何か少しでも興味のある分野を，とりあえず選んではどうかと思います。次のようにするのも，一法です。

◇大学院紹介の本を買い，行きたい大学院の専門課程を調べ，少し

■第3章 就　職

でも興味のある専門課程のリストを作成します
◇そのリストの専門課程について，できるだけ多くの情報を集めます。インターネットで調べてもよいし，その大学院の学生に会ったり，彼らの就職先を調べたりすることができると，さらによいです。
◇最後は直観で決めます。それが嫌であればサイコロで決めても結構です。一生それを専門にしようというまでの決意はいりません。とりあえずこれを選ぼう，でOKです。それでも自信がない場合は，「きっと幸運が自分の味方をしてくれる」と呪文のように唱えて，自分でこれを信じ込んでください。
◇最初は専門分野にぜんぜん興味が湧かなかったけれども，とにかく続けていたら，だんだん面白くなって一生の仕事になってしまった，と言う人もいます。

▼就　職

進学も独立開業も選ばない学生は，就職をお選びください。これが高校卒業生の半数，大多数の大学卒業生の選択する進路です。

☆ 正社員か派遣かパート・アルバイトか

これは，どういう働き方を望むかにより，選択するものが違ってきます。一般的な違いを整理すると，次の通りです。

項　目	正社員	派遣スタッフ	パート・アルバイト
特　徴	企業の中心的な人材になることをめざす。そのため，仕事を人生の中心に置き，仕事を通して自己実現をめざす。	登録型派遣は，仕事があるときに派遣会社から呼び出されて派遣先企業に行って働く。常用型派遣は，派遣会社に就職して，そこから派遣されていろいろな企業で働く。専門知識が必要なエンジニア派遣など。	特定の仕事を特定の時間することにより，給料をもらう。

期　間	長期	1か所で働く期間は2～3年だが，次々に派遣先を変えれば，全体としては長期になる。登録型は，自分で休暇時間をとることができるが，常用型はその自由度は少ない。	雇い主の都合により，長くも短くもなる。不安定である反面，働く側の都合により辞めることは比較的自由にできる。
生涯賃金	約3億円	正社員とパート・アルバイトの中間	約6千万円
責　任	重い	正社員とパート・アルバイトの中間	軽い
安定度	安定	正社員とパート・アルバイトの中間	不安定

　正社員とは，企業と自分の人生とを，生活の2本柱としている人です。職種や勤務地は，希望がかなえられる場合もありますが，不本意ながら社命に従わねばならない場合があります。そのぶん，同じ仕事をしても，派遣やパート・アルバイトよりも通常は高給です。

　登録型派遣は，職種や勤務地については，最初に決まって動かない点はパート・アルバイトとあまり変わりません。常用型派遣は，一定の職種につき，専門家として働きたい場合の選択肢です。派遣先のニーズや派遣会社の方針などにより，同じ場所で長期間働けないという不安定な面はありますが，同一職種，たとえばITエンジニア，機械設計エンジニア，というような専門職を一生の仕事として，能力を伸ばしていくには最適です。能力さえあれば，正社員をしのぐ高給も可能です。パート・アルバイトは，ご存知のように比較的単純な仕事に一定時間従事し，その時間に応じた賃金をもらうものです。雇う側は与えた仕事を無事にやり終えること以上の期待はなく，必要労働量に柔軟に対応できるメリットを生かすことを重視し，したがって教育の機会などの提供は稀です。雇われる側も，自分の労働能力を時間単位で売るという感じで，専門技術のパート・アルバイト以外では，仕事での自己実現をめざしません。辞めたいときに辞めやすいことにメ

リットを認めることは多いでしょう。

　以上より，ビジネスを自分の人生の一部としてそれで自己実現をめざす人には，企業中心であれば正社員，職種中心に生きていきたいのであれば特定派遣の選択肢があります。趣味その他のために，生活費を稼げればよいという人には，自分の時間も自由になりやすい登録型派遣，パート・アルバイトの選択肢があります。ただ，最近は正社員が狭き門で，競争が非常に激しくなっています。そのため，正社員になりたいけれどなれない場合が発生しています。そのような場合にはどうしたらよいでしょうか。これはエンプロイアビリティ※（雇用されうる能力）があるかということですから，エンプロイアビリティをつけていく工夫が必要です。たとえば，さしあたりパート・アルバイトの仕事をしながら，若干回り道をしてスキルや資格などを身につけ，それらを必要とする仕事をめざすなどです。

　　※エンプロイアビリティ
　　　雇用されうる能力（コンピテンシーもその一つ）です。学生が会社に雇ってもらえる能力ともいえます。会社が欲しい人材像は時代によって変わります。この本では，今現在，学生の皆さんに必要なエンプロイアビリティの重要部分は，人間力であると考えています。

☆ 日本企業か外資系か

　これの選択を問題にする人は少ないと思いますが，一般的な傾向を知っておいたほうが，両方の会社から内定を得た場合などに役に立つと考え，簡単に説明します。一言でいえば，企業文化の違いです。

　日本企業は，日本人の集まりですから，特別なことはあまりありません。ただ，歴史の長い会社の場合，比較的古い日本の伝統が残っていて，上司の命令は絶対だとか，男尊女卑の社風，和をもって尊しと

するために横並び金太郎飴的カルチャー重視，というようなことがあります。これに対して外資系では，第一に言葉の問題があります。平社員の場合にはすべて日本語で事が足りることも多いのですが，管理職になると本国との交渉・指示などに対応する必要が生じ，言葉の勉強をする必要が発生します。それから，私はアメリカ企業に30年いましたが，お金中心・現実的という感じがたいへん強いと思いました。たとえば，振動解析用コンピュータシステムを日本で売ることになって意見を求められた場合に，「日本でよく使われているチャートを出力できるようにしてほしい」と言うと即座に，「それをつくると何台余計に売れるか？」という質問がきます。合理的ともいえますが，たいへん短絡的です。それがあれば売れるというわけではないけれども，それがなければ売れないことは間違いない，などと私は言いたくなりますが，なかなか通じません。また，成績の評価などを数値を使って合理的に行ない，成績が上がらないと解雇の危険が高くなります。ただしこれは，評価を一定の方法で公平に行なうわけですから，日本人得意の腹芸はなく，よい面もあります。

☆ 大手か中小企業か

多くの方は，無条件に大手企業に行きたいと思っているかもしれません。大手企業のメリットの一つには，有名会社なので名前がよく知られており，そこに勤めていると言うと他人から信用される，ということがあります。それから，長期安定ということもいえます。倒産の危険が少ないのです。しかし，デメリットもあります。ほとんどの仕事はチームワークですから，一連の仕事の流れの一部分しか担当できません。たとえば自動車の設計と言っても，小さな会社であれば全体の設計ができるかもしれませんが，大会社の場合にはプロペラシャフ

トだけを何年にもわたって設計することになるかもしれません。小さな会社であれば製品の設計・製造・販売のすべてに関わることができるかもしれませんが，大会社では広告部分だけの担当になるかもしれません。また，大会社では多角的に事業を展開していることも多いので，希望職種とまったく違った職種へ回されることがあります。

☆ 学校での成績は就職に影響するか

今まで，何かというと「勉強しろ，いい成績をとれ」と言われ続けて，いい企業に入るにはよい成績が必要と考えているかもしれません。しかし，企業が求めるのは，上述のように人間力が大部分で，学力や専門能力は，人間力のベースとして重要なのです。人間力があれば，あとは入社後のトレーニングがあり，何よりも仕事それ自身が鍛えてくれる，というわけです。したがって，進学する場合は別として，企業に入る場合には，大学の成績と就職ないし給料は，あまり関係がありません。しかし，今までは，学力と人間力は関係があると見られていました。そのため企業は，人間力を見る代わりに成績を見ることがあるかもしれません。

☆ 面接が苦手の方へ

就職活動が苦手の方が，最近ふえているようです。特に面接が嫌われます。上述のヒューマンスキルの問題だと思います。

私にも経験があります。私は小学校時代，クラスメートの前で当てられて話すのが苦手でした。他の生徒が，自分の考えを自由に話しているのを聞いてうらやましがり，自分もそうできるようになりたいと思いました。当てられて立つと，自分が何をしゃべっているのかわからなくなり，考えながら話すことができませんでした。あらかじめ考

えておいたことを一気に話して，座ったとたんにあれも言えばよかったこれも言えばよかったと，いつも悔しがりました。それが，中学，高校，大学，社会人となるにつれて少しずつ話せるようになり，今は講師の仕事もしているので，何人の前ででも話すことができます。ただ，演説はやはり苦手で，聴く人と双方向のコミュニケーションを保ちながらやりとりするのが，私のスタイルです。

　どのようにして話せるようになったのかを今考えてみると，2つポイントがあります。一つは，当たり前かもしれませんが，場数を踏むということです。小さいときから幼稚園などで話すことが多かった人は，小学校ですでに話せるのです。私は幼稚園には行きませんでしたので，小学校から練習を始めたわけです。何回も皆の前で話しているうちに，少しずつ平気になってきた感じです。第二のポイントは，話は下手でしたが，だから話したくないとは思わないで話したということです。自分は下手で，皆の前ではあがると思っていましたが，いつもできる範囲で話していました。今考えると，これがたいへんよかったと思います。下手は下手なりに話そうという，いわば居直りです。そうでなければ，場数が踏めません。

　以上のポイントは，話すことだけでなく，すべてのヒューマンスキルを磨く場合に通じると思います。若干うまい下手の差はあっても，それを意識しつつ場数を踏み，気がついたところは修正を試みる，というようなやり方を続けていれば，平均的なレベルには達すると思います。自主規制をして，下手だから避けようと考えると，場数が踏めませんからいつまでもその状態から抜けられません。人間社会で暮らす以上，対人関係を避けることはできませんので，以上のポイントを押さえつつ，自分に合った方法で磨き続けることをお勧めします。学生時代にはいろいろな機会がありますから，自分が何とかやれる範囲

で人間関係をつくるようにして、少しずつ広げていけば、だれでも対人関係をふつうにできるようになれます。

◆ 就職に役に立つ学生生活

企業が求める人材像が上記の通りであるとすると、学生生活をどう送ればそのようになれるでしょうか。上述の理屈からすれば、人間力がつくような学生生活をすればよい、ということになります。それは、自分の頭で考え、ものごとの長所と短所の両面を見て、他人に長期的な優しさを提供するということです。具体的には何をやったらよいと思いますか？

実は、他人と関わることであれば、何でもよいのです。他人は自分のコントロール下にはありませんから、上の3つの力を養うチャンスは、気をつけてさえいればいくらでも得られます。人間関係に揉まれれば揉まれるほど、そのチャンスはふえます。ただ、もみくちゃにされては、力を養うどころか人間関係が嫌になってしまいますから、自分の実力でどうにかやっていける程度に揉まれる人間関係が理想です。部活、研究会、同好会、スポーツ、旅行、俳句などの趣味など、何でも結構です。これらを続けて、親密な友だちをつくると、さらに人間力を磨くことができます。

この観点から望ましくないのは、孤立して卒業に必要な勉強だけの学生生活です。これですと、学力はアップしますが、人間力が磨かれません。

要するに、企業の欲しい人間像を理解して、就職間際にそれに自分を合わせようというような、つけ焼刃は効かないのです。学生生活全体を通して、勉強をしながら人間関係で揉まれるような活動をするこ

とが大切です。活動内容は何でもよいのです。人間力というのは，別の言葉でいえば，人間関係構築力（15ページ参照）です。仕事の基本は人間関係です。これさえしっかりしていれば，どこへ行っても通用します。

◆ 就職活動の流れ

☆ 高校生の就職活動

高校生の場合は，受動的ですべての求人はハローワークから学校へ掲示され，学校と学生が話し合って受験企業を一社に絞る「一人一社制」が今まで長年の慣行でしたが，バブル崩壊後，複数（2社か3社）受験が可能となりました。しかし地域によっては，いまだ「一人一社制」を継続しているところもあるようです。

また，ハローワークから学校への求人情報の文書による公開も卒業年の1月からとなっていましたが，やっと7月から可能となりました。

地方のハローワークの中には，7月に高校生対象の就職セミナーを開催し，8月に就職試験直前対策セミナーを，11月に未内定者セミナーを開催し，高校生の就職を積極的にサポートしているところもあります。

今後も社会と経済状況の変化にそって，いろいろな規制が緩和され，就職活動の自由化が進んでいくのではないでしょうか。

☆ 大学生の就職活動

大学生の場合は，自分から動かなくてはなりません。大学の就職課（キャリアセンターなど）のほとんどが，3年生の夏休み前から「就

職ガイダンス」をスタートさせます。また，就職情報サイト（75ページ参照）の登録開始が始まります。

　それでは，大学生の就職活動の流れを，3年生の6月から4年生の3月まで見てみましょう。

大学生の就職活動

6・7月	・3年生向けに，大学独自の就職ガイダンスがスタート ・大学によると，10月までに履歴書の書き方，面接の受け方，マナーなど10数回開催
8月	・自己分析（夏休み中に自分の性格・強み，また進む道を明確にする） ・1，2，3年生はインターンシップへ参加
9月	・就職情報Web.へ登録（少なくとも2社に登録することをすすめます） 　　就活資料が郵送され，企業合同セミナーの案内がE-mailで届きます ・中旬からテレビ局の総合職へエントリーが始まります（本年中に内定が出る） ・履歴書の原本完成（就職課で添削してもらいましょう）
10月	・企業合同セミナー，また会社説明会の開催が始まります。 　　企業合同セミナーへ参加し，興味を持った企業へ登録すると，「会社説明会」案内がE-mailで送られてきます（講義を休んで，会社説明会へ参加したときは，企業から参加証明書をもらってくると，欠席を容認してくれる学校もあります。就職課へ問い合わせてみましょう）
11月 〜 12月	・企業合同セミナーに参加，企業への登録開始，会社説明会へ参加 ・エントリー（応募）・筆記試験・面接 　　面接は，集団，ディスカッション，個人面接があります（96ページ参照） ・内定〔テレビ関係〕
1月 〜 5月	・企業合同セミナーに参加，企業への登録開始，会社説明会へ参加（平均30社） ・多い学生で1日2社の会社説明会や面接に参加するという毎日となります ・5月の連休前後に内定の連絡が集中します（約50％の学生が内定） **4年生になる**
6月 〜 9月	・企業合同セミナーに参加，企業への登録開始，会社説明会へ参加 ・夏採用，秋採用の会社説明会 ・エントリー（応募）・筆記試験・面接 **4年生には，夏休みはありません**

9月	・通年採用，秋採用を行なう企業がふえています
～	・自分から積極的に企業の人事に連絡を入れ，求人の確認をしてエントリーをしてください。積極的に行動を起こし，就職先を開拓する必要があります（**積極性は面接時高く評価されます**）
2月	
3月	・卒業式まで就活できます。卒業式の翌日「内定」をもらった学生もいます

　就職活動は，あきらめず継続することです。あなたの周りの人の支援を仰いでください。必ずあなたを必要とする企業はあります。

◆ 自己理解

☆ 自己分析とは

　就職活動では自己分析という言葉を使いますが，自己理解と同じと考えてください。なぜなら自己分析とは「私はだれ？」「自分発見」「自分を知る＝自己理解」のことだといってよいからです。

　今までの自分をふり返ってみてください。自分のプラス面（幸せと感じたとき）を思い出してみましょう。たとえば「私はこんなことに感激した」「私はこんな状態でいるときが一番幸せだった」「私が時間を忘れて打ち込んだことはこんなことだった」などがあると思います。

　それでは，自分のマイナス面（嫌だと感じたとき）はというと「私はこんなことをされたときとても嫌だった」「私はこんな状態のとき悲しくて仕方がなかった」「私はこんな時，早く時間が過ぎてくれればいいと思った」などがあげられると思います。

　こんなことを思い出しながら，プラス面，マイナス面をポストイットに書きとめて貯めていき，それをまとめて分類することで，自分が見えてくるはずです。「私のしてきたこと」から「ああ，これが私な

のだ」と私がハッキリ見えてくると思います。そこから，私が「やりたいこと＝夢・興味・関心事」「自分の価値観・信念」「自分の進みたい道」や「自分の強み・長所・短所」が見えてくるでしょう。

　自分の特徴は，「アルバイトで接客をしたからコミュニケーション能力がある」とか「部活の部長，あるいはサークルの部長をやったから指導力・リーダーシップ力がある」などと短絡的に決められるものではありません。

　自己分析に時間はかかります。あなたが，自分を思い出そうとしたなら，集中しても１週間はかかるかもしれません。集中しないほうが思い出すかもしれません。たとえば友人から電話があったときなど，「そうだ，中学１年生の秋の遠足で，△△君と一緒にドングリを拾ったなー。どうして春に花が咲き，実がなって，秋になるとそれが落ちるのか，不思議に思って二人で図書館に行って調べたことがあったなー。あの時は，楽しかったなー……あの頃から，自分は，生命の不思議（今ふり返ってみたときの今の自分の言葉）に興味を持ったんだ」などと突然，思い出すかもしれません。こんなことをポストイットに書きとめていきましょう。

☆ 自己分析のやり方
　もう少し具体的に自己分析のやり方をお話ししてみると，たとえば，小学校，中学校，高等学校，大学とに分けて，自分が「ワクワク」したこと，「褒められた」こと，「嫌い」だったこと等をポストイットに書きとめたものを自己分析表に分類しながら貼っていきましょう。
　書き方は，５Ｗ１Ｈで書いていくことです。
　５Ｗ１Ｈとは，

- When   いつ（どんなときに）
- Where   どこで（どこに，どこへ，どこから）
- Who   だれが（どんな人が）
- What   なにを（どんなことを，どんなものを）
- Why   なぜ（どうして，なんのために）
- How   どのように（どんなふうに，どうやって）

　ことがらによっては，5W1Hのどれか抜ける項目があると思います。気にしないでどんどん書き出していきましょう。

　書き出してみると，内容が異なっているように思えるかもしれませんが，表現は違っても，その中に共通項があると思います。

　先ほど例で述べた「そうだ，中学1年生の秋の遠足で，△△君と…」から「植物の一生」とタイトルをつけます。高校生では，化学や分子式に興味があり，実験室に入り浸っていたことから「化学変化」とタイトルをつけました。大学では，農芸化学を専攻して，実験の明け暮れだったことから「化学分析」とタイトルをつけたとします。

　「植物の一生」「化学変化」「化学分析」と，すべてタイトルが違いますが，共通することを探すと「科学」が共通語として出てきます。これらを大きくまとめると「生物の一生」——もっと広げると「生命の神秘」と広げていくこともできます。このように大きなかたまりとしていくと自分の興味の分野，やりたいこと，それが生かせる職業や，自分の性格などが見えてくるでしょう。

☆ 自己分析に助っ人が必要
▼他人から見た私

　自分の周りの人，両親・姉妹・兄弟・友人の目に自分がどのように映っているのか，また自分をどのように感じているのかを聞いてみて

■第3章 就　職

5W1Hでそれぞれ思い出して記入しましょう。そうするとそれぞれの時代で「これは同じ分野」と思われるものが浮出て来ます。それを大きく分類していくと「自分がやりたいこと」「自分の長所・短所」が見えてくるでしょう。5W1H：When いつ（どんなときに），Where どこで（どこに，どこく，どこから），Who だれが（どんな人が），What なにを（どんなことを，どんなものを），Why なぜ（どうして，なんのために），How どのように（どんなふうに，どうやって）

	中学時代	高校時代	大学時代
時間を忘れるほどワクワクしたこと			
好きな（得意な）勉強			
ほめられたこと			
あこがれたこと			
つらかったこと			
いやだったこと			
苦手な（嫌い）勉強			
しかられたこと			

図4　自己分析表（自己理解：自分を知る）

67

ください。それらを合わせてまとめていくと,「私はだれ？」がハッキリしてきます。今の自分が立っている軸足がどこについているかハッキリしてきます。これは,自分の価値観のルーツを見つける助けになるといってもいいと思います。

▼テストから見える私

テストにもいろいろありますが,「コンピテンシー診断」を紹介します。

大学生の就職情報サイト「文化放送就職ナビ」http://bunnabi.jp/2008/cy_index.php では,「コンピテンシー診断」を無料で受けさせてくれます。(平成19年)

自分の強み,弱みがわかり,どのようにすれば弱みを克服できるか,その方法まで解説しています。もっと詳しく学びたい方は同じページの「コンピテンシー講座」を開いて見ると参考になります。

また,大学によってはEQ（Emotional Intelligence Quotient）テストを有料で実施しているところもあります。このテストは「自分の感情に気づき,コントロールする能力」と「他者の感情に気づき,他者とうまくやっていく能力」などを見るものです。

人生は人との関わりです。他人がどのように感じているかを理解し,自分の感情のコンロトールができるなら,コミュニケーションに悩むこともなくなるのではと思います。特筆できることは,EQでは自分の不足部分を高めようとすれば高められるということです。

☆ 自己分析と職業選択

たとえば職業選択を考えてみましょう。自己分析をした結果,「植物」にたいへん興味を持っていることがわかったとします。すると考えられる職業は,花,野菜,木などに関わり,その種子の生産と販

■第3章 就　職

売，果実・実の育成と販売，木材の育成と木工および製品の作成と販売，これらに関わる農薬の研究，製造，販売などが考えられます。「生物の一生」・「生命の神秘」とするともっと広がります。動物，植物など生きているものすべてが対象なってきます。生物，科学，化学，医療まで広がってきます。その中から職業を選ぶのですから，選択肢はずいぶんと広いものとなります。

☆ 好きなことを仕事に結びつける

　私は，ボランタリーで，工業高校の3年生の就職相談を担当したことがあります。私の前に今時めずらしい，人ずれのしていない素朴な男子学生が座りました。いろいろ話をしたあとに「ところで，どんな仕事に就きたいの？」と聞いたところ，「ハイ，ぼくは，寿司屋でアルバイトをしています。僕は寿司職人になろうと思っています」。これを聞いて。私は，七五三（高校卒業生は，就職して3年以内に5割退職していく：1ページ参照）を思い出しました。

　私は，工業高校から寿司屋の職人をめざす彼に，この辞めていく5割に入らないで，成功してほしいと思いました。そこで，彼が何かをやっていてワクワクしたことがないかと思い，「何かをしていて，え，もうこんな時間と，驚いたことない？」と聞きました。彼は，ボソッと，「水曜日の午後です」。「え，水曜日の午後，何があるの？」。彼の話を聞き出すには少し時間がかかりましたが，こういうことでした。

　水曜日の午後は，工作室が自由に使え，彼は，そこで，木工をしているそうです。それも機械を使わずノミで，皿などの器を作っていて，チャイムが鳴って5時限が終わり下校時間を知らされたとき，「エッエー，もうそんな時間かー，じゃぁまた来週やろう」と工作

をあきらめて下校するそうです。毎週,水曜日が本当に待ち遠しく,水曜日になると朝,目覚めたときからワクワクして,両親からも友だちからも「今日はやけに明るいね」と言われるほどだそうです。

私と高校生は,「その木工が続けられるといいね」と話し合いました。その時,私は,マンガ『美味しんぼ』(作・雁屋哲,画・花咲アキラ)に登場する海原雄山という人物を思い出しました。そこで,彼に「自分で作った木の器でお客様に"寿司"や"おつまみ"を出すことも考えられるね」と話しました。すると,彼の目が輝き出しました。「そうですね。それができますね」。その言葉を聞いたとき,私は彼が寿司屋を開店し自作の木の器で料理を出しているシーンを頭に浮かべることができました。たぶん彼は,寿司職人という職業の中で自分の好きな木工を続け,それを自分の仕事に役立てていけるでしょう。自分が選んだ仕事の中で,自分の好きなことを継続できる,すなわち仕事にやりがいが見つかったことになります。

☆ 仕事を楽しくする秘訣

彼のように,一見何のつながりもない自分の趣味と職業が結びつけられれば,仕事は面白く継続してやっていけると思います。こんな調子のよい話はそんなにたくさんないと思うかもしれませんが,もしあなたが,自分の意図しない職業に就いたとしても「面白くない,自分は不幸だ」で終わらないで,「何とかして,仕事を面白くしたい」と考えて,頭を回転させてください。面白くしようという考えと行動が,仕事を面白くさせてくれます。気がつけば,「自分に合っていないと思ったのに,もう10年もやっている」ということになるかもしれません。そうして自分の子どもに「自分にマッチした仕事なんて,やる前にわかるはずがない。やってみろ,そうすれば面白くなる。お父

さんを見てみろ」なんて言っているのではないでしょうか。

　ここでまた私の話をしてみたいと思います。

　私は，人見知りが強く，人前で話すことが苦手でしたので，小学校のときから自分は，人とあまり関わらない「研究者」の道を歩もうと思っていました。大学までそのレールの上をまっすぐに進んできました。農学部へ進み，卒論も「初乳中のカゼインの変化」だったと思います。4年生になり，就職活動を始めました。当然のように食品メーカーの研究職へ応募し面接を受けました。しかし残念ながら不合格の通知をもらいました。理由は，私の青臭い考え方が企業の文化にそぐわないとの判断だったとあとで知らされました。私は挫折したのです。

　挫折した私は，母の言うままに，叔母の経営するドラッグストアーへ就職しました。店頭で，「風邪薬ください」「ハイどうぞ」の単調な毎日でした。

　退屈な毎日を「何とか楽しい毎日にしたい」と考え，「客単価を1,000円（昭和42年，私の初任給は2万4千円でした）以上にしよう」と，今でいう「コンサルタント販売」を思いつきました。製薬メーカーに相談し，栄養ドリンクと風邪薬を抱き合わせて売ることにしました。

　セールストークは，「疲れておられるんですよ。まず疲れをドリンク剤でとりましょう。風邪薬をこのドリンク剤で服用してください。ビタミン剤のサンプルを差し上げますから一緒に一錠服用してください。明日，お帰りに立ち寄って調子を教えてください」と言うことにしました。これは成功しました。毎日が楽しくなりました。（注意：ドリンク剤と風邪薬の併用はよくない場合もあるようですので注意してください。）

　立ち寄って「どうもうまくないよ」と言う顧客には，「仕事がたい

へんなんですね，疲れがひどいんですよ。もう少しビタミン剤のサンプルを差し上げます。風邪が治ったら，このビタミン剤だけは続けたほうがいいですよ。身体が資本ですから」。このフレーズも成功でした。これは，固定客を確保するうえでもたいへん重要なフォローでした。今ふり返ると，仕事の流れとしてやってきたことですが，それぞれの時点をよく見るとPDCAサイクルを回していたんだと思います。

　こんな工夫で，退屈と思っていた接客が楽しいものとなりました。今日は何人のお客様から「効いたよ」という言葉を聞けるか，何人のお客様に「コンサルタント販売」ができるか，昨日より一人でも多くのお客様をと，毎日，ワクワクしながらお店に足を運びました。

　そんな日も長くは続かず，私は叔母の店を退職しました。長男が生まれたばかりで，生活費を何としても稼がなくてはならなかったので，仕事を選んではいられませんでした。その当時めずらしかった週休2日に魅力を感じて，外資系製薬会社へ転職しました。そこでも無意識にPDCAサイクルを回していました。

　「今忙しいから」と面会できない先生に，「よし必ず部屋に入って商談するぞ」とプランを練ったわけです。私は，毎週水曜日午後2時に先生の部屋をノックすることにしたのです。「○○の声がする。今日は水曜日で午後2時だ」と先生に思ってもらいたかったのです。「XXの○○です。今日もお忙しそうなので，ここに先生向けの情報を置いていきます」(情報を毎週準備するのはたいへんですが，一つの文献を1枚ずつ持参し，シリーズにしました)——こうして17回目に同じように声をかけたところ「今日は暇だよ」と言う言葉が聞こえたのです。私は喝采しました。「ようし今日から先生の部屋に入れるぞ，商談ができるぞ」。私が，広島に転勤する際，その先生は，餞別として私から大きな買い物をしてくださいました。

私のように意図しない仕事に就かざるを得ない人もいると思います。最初は，私もドラッグストアーで退屈な毎日を過ごしていましたが，「つまらないなー，面白くないなー」と感じた時点で，「何とかしよう」と考えました。そうしてPDCAサイクルを回しました。そこから私は薬の店頭販売に楽しみを見いだしたのです。一度この「感じる」「考える」「行動する」のPDCAサイクルを回すと仕事が面白くなってきます。私は，都合4回転職しました。その都度，私にとって新しい経験でしたが，PDCAサイクルを回すことで，楽しんできました。言葉を変えれば「問題意識を持って生活する」，これが人生を楽しく過ごすコツかもしれません。

◆ 職業理解

　世の中にどんな仕事があるか，これがこの節のテーマです。町の通りを歩いていると，ある店は閉店し，しばらくするとぜんぜん違う店がそこに新規開店する，というように開店，閉店のサイクルが短いのが最近の特徴です。仕事も同じで，古い仕事が淘汰され，新しい仕事が日々生まれています。同じサービスを新しいやり方で提供するというのもあります。たとえばQBハウスという，10分間1,000円で散髪するというサービスが，1時間3,000円の従来の理髪業の市場に少しずつ食い込んでいます。また，少子高齢化により，最近は介護福祉の分野で求人がふえています。要するに，社会の変化とニーズによりその年その年によって仕事の種類が変化するということです。

　皆さんは，インターンシップやアルバイトでいくつかの仕事を経験したかもしれませんが，就職してこのまま続けたいという仕事を経験している人は稀だと思います。そこで，経験はないが興味があり将来

性があり自分に適している仕事かどうかを調べる方法を，ここではお話しします。ここで重要なことは，自分のやりたい仕事と，自分がやれる仕事を，まず分けて考えることです。やりたい仕事でも，その仕事をやるためには，経験，スキル，資格が必要で，それらが自分に備わっていない場合は，やれる仕事とはならないことを知っておきましょう。たとえば，スチュワーデスになるには，英会話力が必須ですが，それがない場合は，熱意とやる気だけではどうしようもありません。自分が何になりたいか，目標が決まったらその仕事に必要なスキル，資格を身につけることです。学生時代をそのために使ってはいかがでしょうか。

以下は職業理解のための情報収集についてですが，主として大学生向けです。高校でこれに代わるものは，進学にしろ就職にしろ，担当の先生の進路指導です。ただし，自分でも何とかして情報を集めたい学生の皆さんは，ぜひここを読んでください。

☆インターネットで情報収集

就職活動ではインターネットの利用がふつうになっています。就職活動で，求人情報を得るために，就職 Web. を使います。ですから，パソコンは，就職活動には欠かせません。会社説明会への参加や求人募集へのエントリーはホームページから行なう企業がほとんどです。また説明会への案内も，面接の連絡も，内定の通知もメールを使って行なわれます。パソコンは大学生活に欠かせない文具となってきています。大学によると自由に使えるパソコンが，学生ホールや，図書館，就職課に置かれています。また，メールアドレスも無料で入手可能ですから，これらを利用することもできますが，やはり個人でパソコンを持つことを勧めます。

■第3章　就　職

☆ 就職活動サイトの紹介

　就職活動に利用されるサイトを紹介しますが，それぞれ特徴がありますから，自分の利用しやすい，自分にメリットのある就職サイト3社くらいに登録しましょう。1社に限定すると自分の希望する企業の求人に出会えない場合があるからです。企業はお金を払って就職情報サイトに掲載しますので，すべての就職情報サイトに同じ企業の求人情報が載っているわけではありません。なお，職業情報を提供するだけのサイトも，含まれています。

　◇リクナビ：http://2008.rikunabi.com/
　　業界一の掲載企業数を誇っています。また企業研究特集，インターンシップなどのニュースや記事を掲載。
　◇毎日就職ナビ：http://job.mycom.co.jp/08/pc/visitor/
　　「SPI＋一般常識完全突破塾」，年8回の全国一斉模擬試験，「理系ナビ」，就職支援コンテンツ各種，また7種類の専攻別マイページとして掲載。
　◇日経就職ナビ：http://job.nikkei.co.jp/2008/
　　業界マップ，仕事カタログ，優良企業ランキング，働きやすい会社調査，日経ニュース（就職ニュース）などを掲載。
　◇〔en〕学生の就職情報：http://gakusei.enjapan.com/2008/
　　「プロの仕事研究」やテーマごとに検索できる「なんでも検索」や①適職発見編，②自己分析，③エントリーシート編「数字でわかる就職」などを掲載。
　◇学情ナビ：http://www.gakujo.ne.jp/pre2008/
　　国内最大級イベント「就職博」（合同企業セミナー）の情報を掲載。
　◇ダイヤモンドLEAD就活ナビ：http://www8.shukatsu.jp/

地元就活,U・Iターン就職情報が満載。
◇文化放送就職ナビ:http://bunnabi.jp/2008/
コンピテンシー診断,自己他己診断,SPI対策オンラインテスト(5分),種々の就活支援コラムを掲載。
◇「サーナ」障害者のための就職情報サイト:http://www.web-sana.com/
障害者のための就職情報に特化して15周年を迎えた就職サイト。障害者必見。
◇学生職業総合支援センター:http://job.gakusei.go.jp/F/F2000200.asp
厚生労働省の公式サイト,全国ネットで学生・既卒者の就職活動の支援。
◇全国の学生職業センター・学生職業相談室等一覧:http://job.gakusei.go.jp/F/index2.htm
厚生労働省がハローワークの出先機関として,各都道府県に1か所ずつ設置している国の機関で,大学等新卒者対象就職情報の提供と職業相談を実施。
◇職業データベース:http://db.jil.go.jp/cgi-bin/jhk01?smode=dbmdsp
独立行政法人労働政策研究・研修機構提供。300の職業について解説している。解説しているのは,次の6項目:「どんな職業か」「この職業に就いている人たち」「この職業に就くには」「この職業の歩みと展望」「労働条件の特徴」「この職業についての問い合わせ先・関係団体」
◇JobJobWorld:http://www.shigotokan.ehdo.go.jp/jjw/top.html
独立行政法人雇用・能力開発機構提供。モノ,関心,場所,生

活，キーワード，職業分類，から仕事を探すことができる。各仕事について，仕事の説明・映像，体験者の話（映像），なるには（映像），に分けて解説している。

◇技術者募集分野と転職のツボ：http://www.staffservice-engineering.jp/field.html

特定派遣事業を行なうスタッフサービス提供。幅広い技術圏の仕事について，「どんな仕事？」「どんな人材が求められている？」「経験のアピール方法」を説明している。

☆ 会社四季報の利用

　会社四季報（東洋経済）・会社情報（日本経済新聞社）は年に4回発行され（3，6，9，12月の中旬頃），これらの情報誌は，日本の会社を知るには欠かせない情報ハンドブックであり，ビジネス・投資・就職に利用されています。

　注目すべきは，コメントと業績予想の数値です。会社情報の業績予想は会社が予想している数値と大差がありませんが，出版社独自の予想数値を掲載するケースがあります。ここに書かれたコメントが株価を反映していることが多いといわれています。

　企業名の欄には，会社の業態が簡単に紹介されています。また「連決事業」「収益構成」の項には，扱い製品の売上高構成比が示されています。つまりこの欄では会社がどのような製品・サービスを提供しているのか，事業の中心（利益の源泉）はどこにあるのか？，といった疑問に答えてくれるのです。

　「売上高」「営業利益」「経常利益」「当期利益」「1株利益」などが掲載されていますが，企業選択で注意してほしいところは，次の3つです。

①キャッシュフロー（CF）：現金をいくら持っているかですから，設備投資や研究開発費に積極的に取り組めるかどうかの判断ができます。
②有利子負債：負債が少ないほうがよいと判断できます。
③株主資本比率：自己資本比率ともいい，これが高いと優良ということになります。

「会社四季報」を就職へ特化した「就職四季報」があります。これは，学生が就活に利用しやすくなっています。エントリー開始や採用プロセス，試験情報，採用数，給与，休日，会社データなどが掲載されています。女性版もあります。就職四季報 Web：http://job.toyokeizai.co.jp/ を開いて情報を得てください。

また，これら「会社四季報」，「会社情報」，「就職四季報」は，大学の就職課や図書館へそろえてあると思います。一度手にとって読んでみてください。大学では，「企業研究と会社四季報」などのタイトルで「就職ガイダンス」を開催し，「会社四季報」の読み方をわかりやすく解説してくれるところもあります。

☆ **その他の本や CD**

職業情報満載の本や CD があります。それらで，職業に関するいろいろな情報を得ることができます。

◇『13歳のハローワーク』
―村上龍著
―いろいろな職業について，どんな職業かがわかりやすく書いてあります。
―子ども向きに書いてありますが，どんな仕事に就こうかと迷っている学生必読の書です。

■第3章　就　職

―目次： 1　自然と科学に関係する職業
　　　　 2　アートと表現に関係する職業
　　　　 3　スポーツと遊びに関係する職業
　　　　 4　旅と外国に関係する職業
　　　　 5　生活と社会に関係する職業
　　　　 6　何も好きなことがないとがっかりした子のための特別編
　　　　P.S. 明日のための予習13歳が20歳になるころには
―単行本：455頁　出版社：幻冬舎　発行年：2003年

◇『あなたのパラシュートは何色』
―リチャード・ボウルズ著　花田知恵翻訳　リクルート・ワークス研究所監修
―米国で転職者のバイブルといわれている，職業選択のためのガイドブック。
―日本ではキャリアカウンセラーが参考にしているほど，基本的な考え方が明確で読みやすい。
―目次： 1　あなたは何を求めているのか？
　　　　 2　超高速で職探し
　　　　 3　でも，それがうまくいかなかったら？
　　　　 4　雇う側と雇われる側
　　　　 5　就職・転職「23の秘訣」
　　　　 6　事業を起こすには
　　　　 7　夢の仕事を見つける
　　　　 8　時のたつのを忘れるとき
　　　　 9　心が求めている場所
　　　　10　難関に挑む

11　かしこい人に贈る「面接の極意」
　　12　給与交渉「七つの秘策」
　　付録A　フラワー・エクササイズ：自分の夢の仕事を図にしてみる
　　付録B　日本のキャリア・カウンセラー：リクルートワークス研究所
―単行本：307頁　出版社：翔泳社　発行年：2002年
◇職業ハンドブック OHBY
―職業紹介の CD-ROM で，労働政策研究・研修機構作成。
―詳しくは，http://www.hrsys.net/ohby/top/top.htm を参照。

◆ キャリアプランの立て方

☆ キャリアとはそもそも何なのでしょうか

　キャリアとは，仕事のことと限定しないでください。ラテン語で，「車道」を意味しています。ふつうは「生涯」「経歴」「履歴」と訳されています。

　私は，キャリアとは，社会と関わりながら自分らしく生きようとしたときに必要な経験・スキル――すなわち，糧を得るために，家族を養うために，地位を得るために，幸せと感じるために，夢をかなえるために必要な経験・スキル――だと思います。

　学生である今，あなたが自分の人生をどのように生きていこうかと考えることがとても重要です。今あなたが20歳だとすると，あなたの平均余命（平成16年簡易生命表）は，男性の場合は59.15年，女性の場合は66.01年です。どちらにしても，あなたは今の年齢の3倍生きなければなりません。あなたが，人生を全うしたとき，「私の人生は

■第3章　就　職

すばらしかった，大満足」と思えるようになってほしいのです。

　どうすればそのような人生を送れるでしょうか。一つの方法は，人生を5年，10年と区切って，5年後，10年後の自分をイメージして，そのイメージした自分であるために，今日からどうしたらよいかを考えることだと思います。この「どうしたらイメージした自分になれるか」——これが，あなたの人生設計・キャリアプランということになるわけです。

☆ 自分の将来をイメージする

　イメージすることで，あなたの夢・願望が目標になります。イメージを絵に描くことで，夢・願望がより現実的になり目標が明確になります。目標を達成する計画を立てること（キャリアプランの立案）であなたの目標はさらに具体的になります。

　それでは，5年後の自分をイメージしてみてください。大きな画用紙を4等分して5年後の，①自分，②家族，③学生（会社）生活，④世間（社会），を書いてみてください。絵に描けばイメージがより現実みをおびてきます。

　すでに31ページの「目標達成計画の立て方」で述べましたが，この5年後のあなたが，自分がどのような資格・スキルまたは経験（エンプロイアビリティー）を積んでいなくてはいけないか明確になったところで，それをすべてポストイットに書き出してください。

　続いて，5年ですから5段の階段を書いて，上から順に5年後の自分（スタート），一段降りて4年後の自分と，階段を降りてください（図5）。習得するのに2年かかるスキルならば，3年の階段に貼ってください。こうしていくと各階段（年）に何をしなくてはいけないか明確になります。階段を降りていくということは，5年後の自分から

キャリアプランの立て方

4年後　この時点での自分をイメージ

3年後　イメージした自分に成る為にしておかなくてはいけないこと

2年後　イメージした自分に成る為にしておかなくてはいけないこと

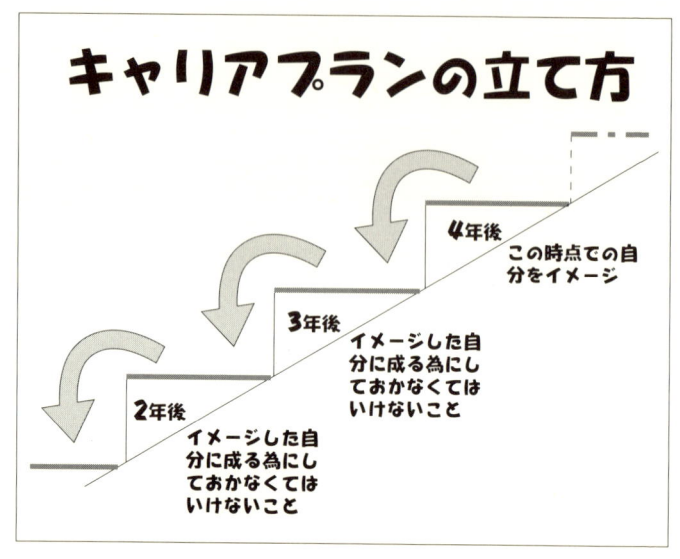

図5　キャリアプランの立て方

スタートしてプランを立てることで，目標を先延ばしにしないということです。

　そのために，前年はどんな自分であったほうがよいか，その前年は，…と階段を一段一段と降りていきます。

　イメージした自分は，だれかを見本にしているか，だれかとダブっているかもしれません。ダブっている場合には，そのダブっている人物がどのような経験・スキル・資格を身につけているか，調べましょう。伝記を読む，インターネットで調べる，話を聞きに行くなど，できるだけ詳しく調べましょう。しかし物真似ではいけませんから，自分のオリジナリティーを出しましょう。1つでも2つでも経験・スキル・資格を加えることでそれは可能になります。

続いてＡ３版の紙に５年間のプラン（図６）をつくります。階段に並べたものを平面にします。そうして6か月おきにチェックポイントをつくってください。チェックポイントとは、言い換えると文章を書いたときの段落です。このチェックポイントはたいへん重要になります。段落と少し違うのは、文章は、段落までを見直して添削しますが、キャリアプランでは、過去に手を入れることはできませんから、これから先の計画を変更することになります。しかし期限はすでに決定しているわけですから、進行が遅延しても期限を先延ばしはしないことです。計画通りに進行するためには、今まで以上に割く時間を長くするか、内容を濃くするのです。進みすぎているなら、願望の実現が早まるわけですから、余裕を持って次の５年後をイメージして同じように進めていきます。

　ここで時間を長くするといいましたが、一日は24時間で、とてもそんなに時間を長く使えないと思っているかもしれませんが、時間を上手に使うことはできます。時間は自分でつくり出すしかないのです（32ページ参照）。

キャリアプラン

私のデータ
- なまえ
- 生年月日
- 出生地
- 5年後の自分の姿

自己分析から示唆される
私の人生観：

私の価値観：

私の長所：
私の短所：
私の保有する能力
私の保有する資格

	第一年目 平成　年	第二年目 平成　年	第三年目 平成　年	第四年目 平成　年	第五年目 平成　年	行動の振り返り
行動計画						
行動目標						
振り返り						

図6　キャリアデザイン・シート

■第3章　就　職

◆ 履歴書・エントリーシートの書き方

　以下は主として大学生向けです。高校生の方もぜひ参考にしてください。

☆ 履歴書とエントリーシートの違い

　履歴書（図7）とエントリーシート（図8）の違いはどこでしょうか？　簡単にいえば，履歴書は，学校指定用紙・企業独自用紙などがあり，エントリーシートは，企業独自の用紙です。応募者は，それに自分の個人情報を記入していきます。企業によると，大学指定の履歴書と，エントリーシートを要求する場合があります。

　これらの書き方の基本は，事実を具体的に記述することです。創作はいけません。事実を時系列で明確に記述してください。勉強になったとか，○○を学びましたなど，あなたの感想はいりません。事実が書かれていれば，何を学び勉強をしたのか読めば理解できます。理解してもらえるように事実を書くのです。

☆ 履歴書の書き方（大学生の場合）

　新卒の応募には，ふつう大学指定の用紙（大学の購買部で販売しています）を使います。記入の注意事項を書いておきます（図7：履歴書用紙参照）。

1．学歴の記入欄は，高等学校卒業より書きましょう。
2．年号は，西暦，元号どちらでもよいのですが，統一してください。
3．研究課題，卒論のテーマ，興味ある科目などの項もありますが，

履歴書 ・ 自己紹介書　　年 月 日

ふりがな						男 女
氏　名					印	
生年月日		年	月	日 （満	歳）	
ふりがな						
現住所	〒　　　　　　　　　　　　TEL　（　）　－ 　　　　　　　　　　　　携帯電話　（　）　－					
Eメール						

写　真

学校によりサイズは違います。

（写真の裏面に大学名・学部名・氏名を記載すること）

学歴・職歴　　学歴については高校卒業または大学入学資格検定合格より記入すること

年	月	学歴・職歴

自己紹介書

研究課題または興味ある科目	
学生時代に力を注いだこと（スポーツ・文化サークル活動など）	
趣味・特技	資格・免許
私の特徴（自己PR）	
備考欄	

※黒インク，楷書，算用数字で記入すること

図7　履歴書の例

■第3章 就職

エントリーシート（総合職事務職）

氏名	生年月日　19　　年　　月　　日 （満　　歳）

現住所 〒　　　　　　　　　　　　　　　連絡先（　　）―

1．あなたが当社総合職事務職を志望した理由と入社後どのような仕事がしたいのか教えてください。

2．あなたがこれまでに一番打ち込んだことと，その結果として具体的に学んだことについて記述してください。

3．あなた自身をオリジナルの四字熟語で表現し，自己PRをしてください。

図8　エントリーシートの例

ゼミのタイトルや，興味のある科目をまず書き，続いてその要旨をまとめて短く書きましょう。特に学んで得たこと，考えたことなどが的確に書かれていると，面接担当者の質問に困ることはないでしょう。書いたことは，責任を持って答えられるように準備してください。卒論やゼミの研究だからと難しい言葉を使って書いてもあなたが理解していなくては，質問に答えられないことになります。

4．続いて，学生時代に力を注いだこと，学業以外で力を入れたこと，打ち込んだこと，苦労したこと，何か成果を出したことなどを記述する項があります。

　アルバイトや部活，サークル活動，ボランティア活動，語学研修などを書く人が多いようです。事例は，大学生活の中から探してください。

　書き方のヒントは，なぜそれを始めたか（目標・目的・問題発見），その中で苦労したこと，それをどのように工夫して改善したか，成果を出したかを具体的に思い出して，ハイライト部分を要約し，面接担当者が，続きを聞きたい，会いたいと思ってくれるように書く必要があります。PDCAサイクルを回し成果を出した経験などを書けばよいでしょう。具体的に事実を正直に書くことです。

　それでは，次に書き方の例を述べてみます。

＜一生懸命書いた自信作＞

（抽象的な表現で，読み手が状況をイメージできないので評価されない）

　　私は，大学入学と同時に剣道部に入部しました。持ち前のコミュニケーション力を発揮したので，同期や先輩ともすぐに和むことができました。また粘り強さを活かし練習を続けました。2年次には，副部長に推

■第3章 就　職

され，責任も重く感じましたが，指導力を出して部の雰囲気も一段と明るくしました。3年次には，大会で団体戦6位，私も個人戦で6位に入ることができました。トコトン頑張ると結果がついてくることを知りました。

それでは，これを読んだ面接担当者の気持ちを覗いてみましょう。

コミュニケーション力があるとか指導力があるとか，「頑張れば結果がついてくる」とか言っているが，どういうことだろう。よくわからないなー。面接に呼んでここを詳しく聞いてもよいが，とりあえず保留にしておこう。

＜具体的に書き直してみましょう＞
（目的と成果を明確に記述するとイメージしやすい）

大学で初めて剣道部に入部しました。道場に一番乗りして，素振りをし，同期や先輩にお願いして，居残り指導をしてもらいました。また自宅では，体力をつけるため毎日30分ランニングを続けました。2年次に副部長に推されました。そこで，1週間に1日，練習を休みハイキングやカラオケを提案し取り入れました。おかげで，部員が気軽に弱みを注意し合うようになり，大会で団体戦6位，私は，個人戦で2回戦へ進めました。

ここでも，これを読んだ面接担当者の気持ちを覗いてみましょう。

へー，大学で剣道を始めて「2年次に副部長に推された」，よっぽど頑張ったんだ。コミュニケーション力を発揮してるし，自分でも2回戦まで進んだ？　呼んでもっと詳しく聞いてみよう。コンピテンシー（21ペ

ージ参照）が高いかもしれない。

5．それから，私の特徴，自己PRなどを記述する項があります。ここには，自分の長所や座右の銘をまず書き，それを裏づけるエピソードを書きます。抽象的でなく具体的に記述してください。書かれていることは，大学時代のエピソードがいいのですが，高校時代のエピソードでもよいと思います。より自分をPRできる出来事を思い出して書きましょう。

6．最後に備考欄があります。何を書いたらいいのかとよく質問をもらいます。無理に埋めることはありません。何も書いていなくても問題はありません。

しかし次のようなことは自己PRになりますから書いておきましょう。たとえば人命救助で表彰されたとか，高校時代にスポーツで県大会やインターハイへ出場したとか（何位でもかまいません。出場しただけで，すばらしい実績です），民謡，三味線，生花などの師範とか，あなたをPRするものであれば，面接担当者はそれを読んで，あなたによいイメージを持ってくれます。

☆ エントリーシートと志望動機の書き方

企業のエントリーシートも同じような質問が並びます。履歴書と同じ質問でしたら，内容は同じでかまいません（図8：エントリーシート参照）。

独特な点は，「志望動機」を聞いてきます。業界の中でなぜ弊社を志望したのかを聞きます。企業のパンフレットやホームページの要旨をまとめて記述して応募の理由とする人がいますが，面接担当者は，会社の理念など耳にたこができるほど聞いています。またかとうんざりするだけです。応募者が企業のどこに魅力を感じ，自分がどのよう

なことで企業に貢献ができると思っているのかをアピールしてほしいのです。最近，企業は種々の社会貢献をしていますが，そんなところも魅力の一つとして感じてほしいと思っているかもしれません。

また「文章・図表・グラフ・写真・イラストなど表現の方法はどんなものでもかまいません。ここに（A4版）あなた自身を自由にアピールしてください」，あるいは「ここに（A4版）自由にあなたを表現してください」という欄をつくっている企業もあります。あなたのセンスを最大限活かして書いてください。

作文を要求する企業もあります。タイトルは，たとえば業界に関連したテーマ，募集している職種に関連したテーマなどです。原稿用紙1枚，2枚と字数を決めて要求されます。少なくとも90％のマスを埋めてください。結果から書き出し，具体的に書きましょう。あなたの持っている言葉で書いてください。借り物や，抽象的では，あなたのアピールにつながらないので注意してください。

☆ コンピテンシー面接を意識した項目

私が，この本でお話ししてきた，アルバイトの仕方を参考にしてください。「感じる」「考える」「行動する」を思い出してください。問題を見つけてPDCAサイクルを回し，問題を解決した——その経験の要約を，面接者が会って話を聞きたいと思ってくれるように書いてください。

▼コンピテンシー（21ページ参照）を意識した質問

＊大学時代で一番成功した経験と失敗した経験を教えてください。
（△△製薬）

＊あなたが学生生活で一番打ち込んだ（でいる）ことを具体的に記入してください。また，それを通じて何を得ることができまし

か。(XX機材)
＊学生時代にあなたが最も力を入れて取り組んだこと（○○銀行），取り組んだ理由，取り組むうえで特に工夫（苦労）したこと，その結果，どのような成果が上げられましたか。
＊ここ2〜3年間であなたが自律的に取り組み，かつ成果を上げてきた場面（ゼミ，サークル，アルバイト，留学，ボランティア活動など）を思い出して次の順に書いてください。(XXX)
・成果に至るまでの過程を具体的に思い出して記述してください。
・何を目的にどれくらいの期間取り組みましたか。記述してください。
・何を目標や課題にしましたか。記述してください。
・その目的や目標を達成するためにどのような感情をどのような方法で維持しましたか。記述してください。
・自分らしい工夫内容や改善点，知恵・創造力の発揮内容，関係者とのコミュニケーション内容などを具体的に記述してください。

☆「感情の動き」を意識した項目
例）
＊あなたにとって「心の強い，気持ちのいい人」とはどんな人ですか。また，あなたの「心の強い，気持ちのいい」を教えてください。(△△不動産)
＊喜怒哀楽が強いほうですか，そうでもないですか。(XX機材)
＊周囲の意向を気にするほうですか，そうでもないですか。(XX機材)
＊最近あった一番嫌なことを思い出したうえで，その嫌なことを考えたり，思い出したとき，自分の気持ちがどうなったかを記述し

てください。(XXX)

◆ 面接の受け方

☆ 事前準備
▼会社の情報収集
　◇企業のホームページなどから情報収集
　　・社長の会社理念
　　・「企業が求める人材像」，およびその企業の「事業概要（主たる製品や商品など）」「採用予定人数」「試験の方法」など
　　・今後の企業内容および展開
　◇先輩がいる場合は先輩から情報収集
▼自分自身の心構えと準備
　◇志望動機などを明確にする（事前に原稿用紙100字程度にまとめてみることを，お勧めします）。
　　具体的な考えはないかもしれませんが，社会人になる前に「自分自身を知る」ことは大事なことです。現実としては希望通りの仕事に就くことは難しいかもしれません。でも「夢」でもよいのです。その「夢」を考え「目標」ができれば，大きな前進です。（夢・目標の見つかっていない人は，先に述べた「キャリアプランの立て方」の節（80ページ参照）を参考に見つけてください）。
　　＊自分の興味，就職したい業種，業界，希望する仕事の内容，何をしたいか，なぜかなど
　　＊採用になった場合，5年後どのような仕事をしたいか，どのようなポジションにいたいかなど
　◇企業訪問なしに面接になった場合は，必ず前日までに面接会場ま

での時間・経路の確認をしておくとよいでしょう。
◇想定質問と自分の回答を準備。まず,自分は1分間にどれくらい話すかを知ってください。1分間に400字くらい話す人が多いようです。その上で,一つの質問に対して25秒ぐらい(文章にして4行ぐらい)で答えられるよう準備してください。

＊入社したいという気持ちをいかに表現するか。自己表現の方法を学び練習する。

＊採用する企業が「どんな人材を採用しようとしているのか」を考え,少なくとも基本質問に答える準備をする。

＜基本質問の例＞
・大学時代に一生懸命やったことは何ですか?
・君の長所は?……自己PRをしてください。自己PRの場合,1分でお願いします,と時間を限られる場合が多いようです。
・君はどんな仕事をしたいですか。希望する職種がありますか?
・この会社に入ったら,どういうことをしたいですか?
・なぜ当社を選びましたか?
・当社は中小企業ですが,大手も受けますか?
・この業界に関心がありますか?
・もし他の会社に内定したらどうしますか?
・君はどんな性格ですか?
・これで終わりますが,何か質問がありますか?

☆当日
＊家を出る前に忘れ物がないか確認。自分の服装,姿を鏡でチェック。
＊30分前には会社の近くに待機。

＊会社に近づいたら，すでに面接が始まったと思ってください。
＊受付は第一関門。第一印象は非常に大切です。
　・挨拶
　　―「おはようございます」は，朝10時ぐらいまで
　　―「こんにちは」は，12時ぐらいまで
　　―「失礼します」は，午後や退出するとき
　・携帯は社外に出るまで電源を切っておく
＊会場では会社の指示に従って行動します。
＊入社面接時のマナー。緊張したりドキドキするので，まずは深呼吸。自分を落ち着かせましょう。「私は落ち着いている」と2回自分に言い聞かせると落ち着けると思います。

1	服装・髪型	①制服でキメる　②髪型はパーマや極端な染め毛でなく学生らしく
2	入　室　前	①説明をよく聞き，会社の指示に従う　②確認する　③待機時の態度：控え室でおしゃべりを慎む
3	入室の心得	①面接担当者から名前を呼ばれたら返事　②ノックは2回　③開閉は静かに　④入室のとき，「失礼いたします」
4	入室したら	①シャンと立ち　②キリッと歩く　③椅子の左側に立つ
5	座るまで	①まず，名乗る　②よろしくお願いします（お辞儀は軽く会釈）　③「どうぞ」と言われてから静かに座る
6	座　　　る	①深めに座る　②背筋は伸ばす　③膝頭を合わせる（男性はやや開き気味）　④手は膝の上（男性は軽く握りこぶし）
7	視　　　線	①正面の面接担当者（相手の目）を軽く見る（ネクタイの結び目も可）　②質問・回答の場合は，相手のほうに向く
8	話　し　方	①面接担当者に理解できるように話す　②語尾を上げない　③ペラペラ早口は禁物　④ゆっくりでOK　⑤よく聞き取れないときは「もう一度質問をお願いいたします」。答えがわからないときは「わかりません」，「これから勉強しようと思います」等言い，わかったふりは決してしない。面接担当者はプロ

9	言葉遣い	①敬語は正しく　②マジ！ホントーはダメです　③御社，御行　④父，母
10	身ぶり・表情	①身ぶりは控えめ　②態度は謙虚で堂々　③表情は豊かに
11	終　了	①面接担当者が決める　②椅子から立ってお辞儀「ありがとうございました」　③退出の時また一礼　④部屋を出るとき「失礼いたしました」　④部屋の外で騒がない

　　……最後まで集中力が必要，気をゆるめない……
　　……キビキビした，学生らしさ……
　　……廊下で行き交う人にも，軽く会釈，挨拶（就職面接）……
☆マナーの根っこにあるのは「心」。自分の気持を正直に一生懸命話せば大丈夫です。

◆ 面接の種類

　以下は主として大学生を対象ですが，集団・個人面接は高校生も参考にしてください。

　皆さんが企業へエントリー後，応募書類審査が第一関門です。これに合格すると次が筆記試験です。これを突破するとやっと面接試験に入ります。しかし人物本位をめざす企業では，筆記試験と一次面接を同時に行なう企業もあります（これは，筆記試験で脚切りをすると偏った人選になってしまうことから，筆記試験である程度の成績なら，人物を見て判断しようとの思いからです）。

　面接の回数は，多い企業で5回以上，平均3回くらいです。その内容は，次の3種類に分けられます。順番は企業によって違いますが，①集団面接，②グループディスカッション面接，③個人面接（コンピテンシー面接）に分けられます。

■第3章 就　職

☆ 集団面接

　これは，面接担当者が2〜3名，応募者は5〜6名で行なわれます。面接担当者の前に応募者が並び，順番に質問をされます。同じ質問をされる場合もあり，最初に当てられた応募者はとても緊張します。順次緊張は薄れますが，他人の応答に感心して聞いていると何を話したらよいか迷い出します。最後になると皆に話されて自分が言うことが何もなくなったように感じてしまいます。そうするとうつむいてボソボソと応答してしまい，暗く覇気・元気がないと判断されます。これを防ぐには，他の応募者の応答を参考にして，自分はもっとうまく答えようと思うことです。たとえ同じような答えでも，他人とあなたはまったく同じではないはずです。「同じようだ」と「まったく同じ」とは違うでしょう。

　自分の経験を自分の言葉で，はっきりと述べることを心がけてください。時間を決められていない応答は，平均25秒ぐらいでしてください。文章にすると4行ぐらいです。まず結論，そしてその理由を述べます。応答集を作成し，リハーサルをしてみることは必要です。しかし覚えないことです。覚えて思い出そうとすると頭が真っ白になり，何も思い出せなくなることがあります。長い応答は，丁寧とは判断されません。的を射た具体的で短い応答がベストです。

☆ グループディスカッション

　これも，面接担当者が2〜3名，応募者は5〜6名で行なわれます。テーマと時間を与えられ，テーマには正解がありませんが，時間内で討論をまとめることになります。面接担当者は，皆さんの議論の進め方と皆さんが討論にどのように関わるかを見ています。

　進め方としては，司会，書記，タイムキーパーなどを決めてスター

トします。チームをリードし，議論をまとめる自信があれば司会に立候補することもよいと思いますが，無理をすることはありません。

　ここで大切なことは，グループ全員でこのディスカッションに合格しようとする気持ちであなたが参加することです。たとえば，発言をしないメンバーに発言を促したり，議論がずれた場合は，元に戻すように発言したり，終了時間5分前には，注意を喚起し議論をまとめる方向へ誘導したり，区切り区切りでそれなりの発言ができれば十分です。また，発言者の目を見てうなずきながら話を聞き，他のメンバーの目を見ながら話をし，配られたメモ用紙に議論の要点，自分の発言のポイントなどをメモすることを忘れないでください（メモ用紙は，席に置いて帰るように言われることがあります。これは，あなたが議論にどのように関わってきたかの記録としてあとで参考にされます）。このようなあなたの態度は，積極的に議論に参加していることを印象づけます。面接担当者は，社内の会議でのあなたの対応をこのディスカッションの中に見ます。強引に自分の意見を押し通そうとする人，人の意見を頭から否定してしまう人は合格することはできません。メンバーに配慮し，メンバー全員でディスカッションし，何らかの結論を導き出す——そんな態度をとる人を探しているのです。

☆ 個人面接（コンピテンシー面接と最終面接）

　個人面接の最近の流行は，コンピテンシー面接です。

　「生きることは『感じる』こと」の節（18ページ参照）でお話ししましたが，あなたが，あなたの人生でPDCAサイクルを回した経験を聞こうとします。なぜなら，あなたを採用し，新入社員教育後，どこかの部署に配属したとき，配属先で，あなたが，問題意識を持って仕事をし，おかしいと思ったことは，上司に相談し，知恵を出し，工

夫をして，何らかの改善をしてくれるに違いないと期待できるかどうかを見たいのです。

　第2章の「アルバイト」の項（37ページ参照）でもお話ししましたが，「学生時代に力を注いだことを話してください」からスタートして，「一番苦労したことは何ですか」「どのような工夫をしましたか」…「その結果どうなりましたか」と聞かれてきます。過去を思い出して準備しておきましょう。

　また，大学の場合は，最終面接は重役面接になることがふつうです。あなたが入社して会社の文化になじみ，うまくやっていけるかを見ています。最終面接でのあなたは，特に，明るく元気に，テキパキ，ハキハキと応答してください。そのためには，常に健康に心がけ，風邪を引いたり，下痢をしたりしないように気をつけて就職活動を続けることが必要です。

◆ 面接する企業（または団体）側からのアドバイス──

◇コンピテンシー面接とはいえ，人と人との応対ですから，第一印象が大切です。入室してから20秒ぐらいで判断されてしまいます。身なりや服装・態度と話し方などの第一印象をよくしましょう。（アメリカの心理学者アルバート・メラビアン（Mehrabian, A.）教授による第一印象での判断基準の実験で55％が視覚情報の見た目・表情・しぐさ・視線であり，38％が聴覚情報の声の質・速さ・大きさ・口調，そして7％が言語情報：言葉そのものの意味だったそうです──メラビアンの法則）

◇採用側のトップも「すぐやめそうな人間」や「会社でトラブルを起こしそうな人間は採りたくありません。社会人としての順応性

と忍耐力があるかどうかチェックしています。
◇面接担当者は「本気で志望しているか」を最も気にしています。常に「第一志望」だという「本気」を面接担当者に感じさせるように心がけてください。

◆ 社会人としてのマナー

☆ 入社したら必要なビジネスマナーの基本

マナーの基本は，人間関係において相手を思いやることです。言い換えると，相手が不快になるようなことはしない，言わない。自分がされて嫌なことはしないということです。

この心遣いを形にしたものがマナーです。マナーを身につけることによってスムーズな人間関係を築いていくことができるのです。

ビジネスも人と人が接することから始まりますので，人と接するときに大切なマナーが必要になってきます。お客様との間や，職場の中で心豊かな人間関係を築くには，思いやりと気配りを持って行動しましょう。

☆ 社会人，組織人としての意識を持とう
 ＊時 間 管 理：時間にルーズな人は信用されない。
 ＊健 康 管 理：規則正しい生活が基本（若いからと無理しない）。自己管理が大切。
 ＊目 的 意 識：目的がなければ，達成感もなく成長もない。
 ＊協 調 意 識：チームワークよく，コミュニケーションを。意見は出し合うが決定したら協調。
 ＊顧 客 意 識：お客様第一（お客様は神様）。お客様のニーズが仕

事の大切なヒント。
＊コスト意識：常に経費を意識する，会社の物を私物化しない，私用電話をかけない。

☆ビジネスマナー8か条
＊時間厳守
＊公私混同しない
＊挨拶言葉は明るく，元気よく，はっきりと。挨拶は役職の上下に関係なく自分から行なう
＊上司には報告，連絡，相談（ホウレンソウ）を必ずする
＊丁寧語，尊敬語，謙譲語を正しく使う
＊「聞き上手」「話し上手」になる
＊指示を受けるときは必ずメモをとる
＊仕事は早く，確実に覚える

☆ 社会人とは
▼権利と義務

権　利	義　務
職場を確保する	労働力を提供する
報酬を受ける（給料）	税金を納める
福利厚生施設が利用できる	社会保険，年金に加入する
有給休暇をとる	会社の就業規則を守る
休憩時間を確保する	担当業務を行なう
上司からの説明を受ける	上司の指示に従う

▼企業と学校との違い

	企　業	学　校
目　的	・企業全体の目的の達成，同時に社員の成長が経営活動の目標 ・経営目標達成のために仕事をする	・学生の人間的成長に必要である学習促進が活動の目的である ・知識等の習得のために勉強する
活動特徴	・チームプレー。協力・協調が求められる ・上司などへの報告・連絡・相談が必要	・個人プレー（学業）
人間関係	・上司がいてタテ関係 ・経歴・役職をもとに仕事を分担 ・気が合う・合わないは仕事の場では禁句。チームの一員としての自覚・心構え	・教師はいるがヨコ関係 ・同年代で友人関係によって結ばれている
評　価	・人事考課が期ごとにある ・業務活動成果と成長を厳しく評価され，賃金に反映される	・ペーパー試験 ・成績が悪くても本人だけの責任。周囲に迷惑をかけることはない
自由度	・就業時間は長く，休憩時間は短い ・行動の自由度は少ない ・長期休暇は少ない	・授業時間は労働時間に比べると少ない ・休憩時間の回数は多い ・長期休暇がある

☆ 求められる職場のマナー

▼節度ある服装・身だしなみ

　オフィスでの服装は「上品・清潔・機能的」であることが求められます。派手な服装やだらしない服装は慎みましょう。

　以下は服装・身だしなみについて，一般的に注意すべきであるとされている事例の一部を例示したものです。これらを参考に，各自で自覚を持ってください。気づいたらお互いに注意し合いましょう。

　こんな服装・身だしなみが他人に不快感を与えることがあります。

項　目	男　性	女　性
服装（上衣）	・Tシャツ ・ランニング	・肌の露出度の高いもの（キャミソールなど）
服装（下衣）	・ジーンズ ・短パン	・極端に短いスカート ・短パン ・派手な柄のタイツ
履き物	・スリッパ ・サンダル ・スニーカー	・厚底シューズ，厚底サンダル ・スニーカー ・スリッパ，サンダル（踵に紐がないもの） ・ロングブーツ
頭　髪	・極端な茶髪（他の色も同様） ・極端に派手な髪型	・極端な茶髪（他の色も同様） ・極端に派手な髪型
装飾品	・ピアス等	・過剰な装飾品
身だしなみ	・清潔感のない不精ヒゲ ・フケ	・派手な化粧 ・フケ

　働きやすい服装であることは第一条件ですが，会社はリゾート地ではありません。お客様や社外の方の目にもふれることを常に意識してください。

▼オフィスでのマナー

■エレベーター内でのマナー

　エレベーターホール，ロビー等ビル内の公共スペースにおいては，挨拶を除き，私語はいっさい慎みましょう。特に，業務上の会話は厳禁です。

　エレベーター内でのだらしない態度（壁に寄りかかるなど），急な駆け込み，携帯電話の操作，ウォークマンを聴くなどのマナー違反に注意しましょう。

■公共スペースでのマナー

公共の場（休憩室，パントリー，トイレ等）とは，文字通り不特定多数の人間が使用するスペースです。使うのは自分だけではないということを常に意識し，いつも清潔にしておきましょう。

特に次の点には各自で十分に注意してください。
- トイレットペーパーで手を拭かない
- 洗面台には，紙くず，髪の毛を残さない
- ごみは決められた場所へ捨てる

▼挨　拶

"人を人と認め相手に対して感謝の心を持つ"それが挨拶です。一日は挨拶に始まり，挨拶に終わります。また，人との出会いも挨拶に始まります。挨拶ができることが社会人の基本であるといえます。挨拶がコミュニケーションの始まりです。この基本をしっかり自分のものにしましょう。

社員がお互いに知り合い同士なら仕事がスムーズに進みます。単なるエチケットではなく，人間関係の潤滑油として，明るい職場環境と円滑なコミュニケーションを可能にし，業務効率の向上にも寄与する大切なものです。

相手がどのような立場の社員であれ，自らが率先してよい挨拶を心がけ，職場内のコミュニケーションを豊かにしましょう。

次に，状況に応じた挨拶を考えましょう。

■一般的な職場の挨拶

「ありがとう」	「失礼しました」
「申し訳ございません」	「いってらっしゃいませ」
「お帰りなさい」	「失礼します」
「お先に失礼します」	「おつかれ様でした」

「ご苦労さまでした」

■**お辞儀の基本**

きちんとお辞儀をするには，まず，正しい姿勢で立ちます。原則として立ち止まって行ない，相手の目を見てにこやかにお辞儀をします。

首すじ，背筋をのばして腰をポイントに上体をきちんと前へ倒し，手の位置は体を倒すにつれて自然に前であわせるようにします。

お辞儀をしたところで一度止めます。そしてゆっくり上体を起こし，倒すときよりも戻すときにゆっくりすると，とても丁寧なお辞儀に見えます。上体を戻したら相手の顔を見ます。最後まで笑顔を忘れてはいけません。

- 会釈…15度（目線5m）

  同僚や親しい間柄の人に対して，また通路でお客様や上司とすれ違ったときに行ないます。

- 中礼…30度（目線3m）

  お客様をお迎えしたりお見送りするときなどの一般的な挨拶に適しています。

- 敬礼…45度（目線1.5m）

  深い感謝の気持ちを表わすときに適しています。

- 最敬礼…90度（目線70cm）

  謝罪に使います。

■**名　刺**

自分の名刺は自分自身の顔，相手の名刺はその人自身であると受けとめ，大切に取り扱いましょう。

＊名刺の用意

- 新しいものを用意する。
- 名刺入れを用意し，常に20～30枚入れておく。

- 名刺入れの中に自分のものと相手のものが混在しないかチェックしておく。
- 社内にいるときも名刺入れは忘れずに。

＊名刺の出し方
- 差し出すときは立ち上がって。
- 社名，名前をはっきり名乗って渡す。
- 目下の者，訪問者から先に名刺を差し出す。
- 複数の来訪者には目上の人から順番に。
- 机の上に置いたりせず手渡しする。

＊名刺の受け方
- 出された名刺は両手で受け取る。
- 名刺は胸の高さで受け取る。「頂戴いたします」
- 相手の名前を確かめて名前の読み違いなど失礼のないようにする。
- 受け取った名刺をすぐしまいこむのは失礼。

＊受け取った名刺の扱い方
- いただいた名刺をメモ代わりに使わない。
- 名刺の裏に会った月日，用件，その人の特徴をメモしておく。（次回会ったときに覚えられていると嬉しいし，信頼され，あなたの好感度もアップします）

■言葉遣い

＊言葉遣いの基本
- 人と話すときは，相手に好感を与えるよう，心のこもった言葉で話しましょう。

＊正しい敬語
- 遣い方を間違えると，大切な人間関係がマイナスになることも

あります。正しい敬語を身につけましょう。
- 尊敬語・丁寧語…相手に敬意を表わし，かつそれを丁寧に表現する。
- 謙譲語…自分をへりくだって表現することで，相手に対する敬意を表現する。

＊話し方の基本
- 相手にわかりやすく，聞きやすく話すことが好印象の第一歩です。
- 発音，発声，語調（スピード，リズム）などにも日頃から気をつけましょう。

＊好感の持たれる話し方
- 肯定的に，明るく，はきはきと，心をこめて話す。文章は肯定文で話すくせをつけてください。そうすると考え方もプラス志向になってきます。
- 相手の目（のあたり）を見て，相手に合わせて話す。
- 話す内容をあらかじめ整理してから話す。

＊クッション言葉を上手に使いましょう

　クッション言葉が上手に言えるようになったら，社会人としてもう一人前です。
- 「恐れ入りますが…」
- 「失礼ですが…」
- 「あいにくですが…」
- 「申し訳ございませんが…」
- 「ご迷惑をおかけいたしますが…」
- 「お手数をおかけいたしますが…」
- 「恐縮ですが…」

第4章　ご両親・保護者の皆さんへ

◆ はじめに

　この本は，学生向けの，社会人になるには学生生活をどう過ごしたらよいかについて書いたガイドブックです。親子関係はどうしても取り扱わねばならない話題ですので，取り上げました。ここは，ぜひ学生のご両親・保護者の皆さんに読んでいただきたい章です。学生の皆さんは，ぜひこの章を一読することを，ご両親・保護者の皆さんにお勧めください。

　筆者である私たちは60歳代のキャリアカウンセラーです。学生の両親・保護者の皆さんは，50～40代で，私たちよりも1世代若い方々が多いことでしょう。しかし，学生を社会人に育てるという点では，私たちと同じ目標を追求しているパートナーです。それで皆さんに，キャリアに関する専門家として，ぜひ一言申し上げたいのです。

◆ 子育てが難しい時代

　先日（平成18年7月）新聞や週刊誌で，母と妹を放火で殺した16歳の少年が，話題になりました。父親（Aさんとしましょう）から叱られることが多く，ストレスが溜まったからすべてを終わりにしたい，とこの少年は言ったそうです。Aさんは，少し激しいところがあったかもしれませんが，息子に自分と同じ医者になってもらいたいと思っ

たあまり，励ますつもりで叱ったのではないかと思います。それが思いがけない結果を招いて，途方に暮れたことと思われます。親としては，子どもに立派に大人になってもらいたい，と思って一生懸命にしたのに，なぜこのような結果になってしまったのでしょうか。

　Aさんは，Aさんなりのやり方で，息子をかわいがったのだと思います。「自分と同じように医者になれば，息子の人生は安泰だ。そのような希望に満ちた人生を送れるように，息子を援助したい」と考えたのでしょう。そこで医大に行けるように学業成績の向上を強く望み，息子を叱咤激励したのだと思います。

　一方息子のほうは，そのような父親が怖くて嫌だったのではないでしょうか。しかしそう言っても聞き入れる父親ではないと思っていたので，我慢していました。そうして我慢が限界に達し，これを何が何でも終わらせようと考えての犯行だったのでしょう。直接父親へ向かっていかずに，母親や妹に向けられたことが，複雑な心境を語っています。

　要するに，Aさんは将来の人生の安定のためには，自分が経験したように，息子も現在はどんな苦労も厭うべきではないと考えたのに対し，息子のほうは，父親に叱咤激励されるのはどんなことにも代えがたい我慢のならぬことであったのです。Aさんと息子さんの間には，価値観の大きな隔たりがありました。

◆ 親子関係は弓と矢です

　親子関係は，弓と矢にたとえることができるそうです。親は弓で，子どもは矢です。弓は，矢をできるだけ遠くまで飛ばすように，全身の力を込めて矢を押し出します。親が子どもを，社会で立派にやって

いけるように全力をあげて育てるのと同じです。子どもは，親の後押しを得て，実社会に飛び出して行きます。

弓は射手ではないので，矢がどこをめざして飛んでいくかは関知しません。同様に，親は子どもが一人前になるように仕向けることは重要ですが，どのような人間になるかは子ども自身に任せます。射手は，親子関係では，天の配剤あるいは DNA，または巡り合わせにあたります。

医者Aさんと息子の関係の詳細はわかりませんが，弓と矢の例えに照らして考えると，Aさんは自分が射手だと思って，息子を自分の思う目標へ向けて飛ばせたかったのではないでしょうか。息子はそれが息苦しくて，「もう少し自由をくれ」と叫びたかったけれども，父親の強さに負けて叫べず，前述のようなことになってしまったのでしょう。Aさんは自分の経験上，息子はこの程度の試練には耐えられると考えて厳しく接したのかもしれません。しかし息子は耐えられなかったのだと思います。

◆ 親は子どもに価値観を押しつけてはいけない

昔は，子どもは親の価値観をそのまま受け継ぐのが当然でした。時代の変化が緩やかで，親の生きた時代の価値観が，子どもの生きた時代にも通用していたからです。ところが今はというと，時代の変化が非常に急です。親の持っている価値観の相当な部分が，時代に合いません。子どもは親と異なる価値観の世界に生きています。これが親子の世代断絶の原因です。現在の子育ての難しさは，ここに根本原因があると思います。親が子どものためだと思ってすることが，子どもにとっては手かせ足かせであり，親への反抗の原因となることがあるの

です。ですから，親が注意しなければならないことは，「昔の自分であったら親にこうしてほしかったから，自分の子どももそうに違いない」と思わないことです。子どもとまず話し合わなくてはなりません。子どもがどんな価値観を持っているかをよく理解したうえで，子どもを育てる必要があります。Ａさんは自分の価値観をあまりにも当然のことだと考えていたので，嫌がったとしても息子も基本的には同意すると思い，息子に果たしてそうかどうか話し合う必要性さえ感じなかったのでしょう。この点が非常に残念です。

◆ 親は子どもに迎合してはならない

　医者のＡさんが息子にも医者になってほしかったけれど，息子は医者が嫌だったと仮定しましょう。Ａさんは問答無用という感じで息子を叱りつけたようですが，これはいけません。まず自分の希望を述べ，息子と話し合ってどう思うかと聞くのがよいでしょう。このとき息子が「いや，僕は医者になりたくない。エンジニアになりたい」と言ったら，親はどうしたらよいでしょうか。Ａさんとは逆に，息子との関係を維持するために本当は医者になってほしいけれども「わかった，それでは好きにしていいよ」と言う父親も多いようですが，これもいただけません。息子が自分の主張をしたら，親もきちんと自分の考えをぶつけなければ，子どもと本音の会話はできません。「それなら学費は出せない。自分で稼いで大学へ行け」くらいのことは言ってはいかがでしょうか。しかし，話し合いの結果は，適当なところで折り合うことが必要です。子どもに迎合するのは，子どものためにもよくありません。自分の希望は何でも世の中に受け入れられる，という誤った価値観が育ってしまいます。親は自分の価値観を明確に子ども

に示すことを通して、子どもの自立を促すことが必要です。子どもはそのようにして親がつくった壁を乗り越える努力を通して、社会の冷たい風に当たっても挫けない準備をするのです。

ちなみに、欧米では大学の学費は自分で稼げという親が多いのに対し、日本では大学までは学費は出してやらねばならないと考える親のほうが多いようです。何でも欧米主義を見習うのがよいとは思いませんが、ニートやフリーターになる高校・大学卒業生が多くなっている現在の日本においては、学生時代から働く習慣をつけることこそ、学生自身にとって必要な社会勉強の機会ではないかと思います。

◆ 親は子どものために子離れする必要がある

子どもと仲のよい親が、子どもを家から通える学校（大学が多いと思いますが、高校や高専も考えられます）に入れたいと考えることがあります。子どもと少しでも長く一緒にいたいし、生活費も浮くので、一石二鳥というわけです。短期的には、親も楽しく子どもも安心ですが、キャリアカウンセラーとしては、「できれば子どもは家から出して学校に通わせてほしい」と思います。「かわいい子には旅をさせよ」といいます。それと同じ考えで、子どもの自立を促すためです。親としては子どもをいつまでも保護したいかもしれませんが、子どもは親の死後一人で生きていかなくてはなりません。その準備は早すぎることはないのです。自分で否応なく家事洗濯をすること、何をするにも他人とコミュニケーションをして、協調したり頼んだりしなければならないこと——この経験は貴重です。他方、親の側も、子どもに頼りたい気持を若干あきらめることが肝要です。長期的な教育的見地を忘れないようにしてください。子どもに奨学金を借りさせた

り,アルバイトを勧めたりして,自立への第一歩となる機会を与えてほしいと思います。パラサイトシングルという言葉に象徴されるように,親と同居している子どもにニートやフリーターが多いといわれています。そのようになってからでは,手遅れです。なぜなら,親子別居など,気持のうえでも考えられないことでしょうし,したくても子どもに生活力がないのですから経済的にも到底できません。

◆ 優しさはもちろん必要です

　私たちは,子どもを厳しく育てなさいと主張しているように見えるかもしれませんが,親としての優しさはもちろん必要です。ただ,その優しさは,子どもが優しいと感じるものでなければなりません。親が「これが自分の優しさだ」と考えるときには,子どももそのように受け取っていることを確認する必要があります。確認して期待通りでない場合,あくまでも自分の価値観を押しつけるのではなく,かといって迎合することもなく,柔軟に対応して適切なところで手を打つのがよいでしょう。でなければ冒頭のAさんの二の舞になる可能性があります。

　その場合,真の優しさは,子どもの自己実現を援助するものです。子どもが自分の価値観,能力,嗜好などに合った自分らしい人生を送ることを,親は応援することが肝要です。自分の老後生活の安定のため,などという不純なものではいけません。子どもを投資の対象とは考えないほうがよいでしょう。なぜなら,そのような育て方は,子どもをスポイルする(汚す,つまり性格を捻じ曲げたり,我慢を強いたりして伸び伸びと育つのを妨げる)可能性があります。ただし,真の優しさを持って育てた結果として,子どもが立派になり,結果として

親も幸せな生活ができるという可能性はあります。それこそ理想です。

【参考資料】

石井裕之　2005　一瞬で信じ込ませる話術コールドリーディング：信用されれば，仕事・プライベート・人間関係も思いのまま　フォレスト出版

石川和夫・伊藤敦子　2002　「聞き方」ひとつで人は育ち・人は動く：聞いて，理解して，やる気を引きだし，大きく育てる「実践コーチング」の技術！　こう書房

伊東　明　2002　「勝つ人財」になるセルフコーチング38：自分が輝き，人も動かせる！　扶桑社

梅澤　正・脇坂敦史　2003　「働く」を考える　ぺりかん社

NHK放送文化研究所編　2003　中学生・高校生の生活と意識調査：楽しい今と不確かな未来　日本放送出版協会

岡田斗司夫　2005　プチクリ：好き＝才能！　幻冬舎

川上真史・齋藤亮三　2004　できる人，採れてますか？：いまの面接で，「できる人」は見抜けない　弘文堂

川上真史・齋藤亮三　2006　コンピテンシー面接マニュアル　弘文堂

経済産業省編　2006　社会人基礎力に関する緊急調査　経済産業省

齋藤　孝　2004　コミュニケーション力　岩波書店

佐々木直彦　2003　キャリアの教科書：「自分の人生，自分の仕事」をつかむエンプロイアビリティの磨き方　PHP出版

ジョン・L・ホランド／渡辺三枝子ほか訳　1990　職業選択の理論　雇用問題研究会

Diamondハーバード・ビジネス・レビュー編集部編　2001　コーチングの思考技術　ダイヤモンド社

ディク・J・ライター＆デイブ・A・サビーロ／枝廣淳子訳　2005　夢に一歩近づく仕事・遠のく仕事　サンマーク文庫

中尾英司　2003　あきらめの壁をぶち破った人々：日本発チェンジマネジメントの実際　実用企業小説　日本経済新聞社

布施豊正　2004　死にたくなる人の深層心理：自殺にいたる3つの要因を乗り越え「生」を選ぶまで　はまの出版

ベネッセ未来教育センター編　2005　高校生にとっての「働くこと」　モノグラフ・高校生vol.73　ベネッセコーポレーション

マイク・マクナス／ヒューイ陽子訳　1999　ソース：あなたの人生の源は，ワクワクすることにある　ヴォイス

三浦　展　2005　仕事をしなければ自分は見つからない：フリーター世代の生きる道　晶文社

宮城まり子　2002　キャリアカウンセリング　駿河台出版社

山崎友丈　1997　働く人のためのメンタルヘルス　ディオス出版

ヤン・カールソン／堤　猶二訳　1990　真実の瞬間：SAS（スカンジナビア航空）のサービス戦略はなぜ成功したか　ダイヤモンド社

【著者紹介】

大久保　功（おおくぼ・いさお）
1942年　大分県に生まれる
1966年　東京大学工学部船舶工学科卒業
1966年—1969年　いすゞ自動車株式会社勤務
1971年—2001年　ヒューレット・パッカード株式会社勤務
1997年　筑波大学大学院教育研究科カウンセリング専攻卒業　修士（カウンセリング）
2002年　日本ドレーク・ビーム・モリン株式会社入社　現在に至る
〈主著・論文〉
　ライフキャリアカウンセリング—カウンセラーのための理論と技術—（共訳）
　生産性出版　2002年

石田　坦（いしだ・ひろし）
1944年　熊本県に生まれる
1967年　広島大学水畜産学部畜産学科卒業
1967年　叔母のドラックストアーへ勤務
1973年　ベーリンガー・マンハイム　山之内㈱〔製薬会社〕へ転職
1994年　エランファーマ㈱常務取締役営業部長として出向
　　　　ベーリンガーマンハイム㈱の人材開発部長を兼任
1998年　ロシュ㈱と合併を期に退職
1998年　再就職支援会社へ転職〔ヒューマネジメントジャパン㈱，日本ドレーク・ビーム・モリン㈱〕
2004年　拓殖大学就職課へ転職　キャリアカウンセラーとして　現在に至る

西田治子（にしだ・はるこ）
1945年　山口県に生まれる
1967年　立教大学英米文学科卒業
1968年　旧KDD㈱国際電話局に入社。20数年間国際電話業務，管理業務を担当後社員相談センターで相談業務を11年間担当
2006年　西田カウンセリング＆キャリアサポート設立
2006年　㈳日本産業カウンセラー協会に勤務　現在に至る
〈主著・論文〉
　職場で活かすキャリア・サポート—ライン管理者，職業能力開発推進者のためのキャリア・コンサルティング入門—（共著）　中央職業能力開発協会　2004年

18歳からのキャリアプランニング
――これからの人生をどう企画するのか――

2007年8月30日　初版第1刷発行	定価はカバーに表示
2008年6月5日　初版第2刷発行	してあります。

著　者　　大久保　　　功
　　　　　石　田　　　坦
　　　　　西　田　治　子

発行所　　　（株）北大路書房

〒603-8303 京都市北区紫野十二坊町 12-8
電　話　(075) 431-0361(代)
F A X　(075) 431-9393
振　替　01050-4-2083

©2007　印刷／製本　亜細亜印刷㈱
検印省略　落丁・乱丁本はお取り替え致します。

ISBN 978-4-7628-2580-4　Printed in Japan